PAPER BATTLES & DIORAMAS 003

PLAY THE ITALIAN WARS OF INDEPENDENCE

GIOCA A WARGAME ALLE GUERRE RISORGIMENTALI

LUCA STEFANO CRISTINI - GIANPAOLO BISTULFI

SOLDIERSHOP PUBLISHING

AUTHORS

Luca Stefano Cristini has edited various publications on ancient and contemporary historical themes, including a great work on five volumes about the thirty years war and many others on Medieval, Napoleonic item as well as several illustrated books with historical color photographs. He has also curated all the brands of Soldiershop publishing.

Luca Stefano Cristini, storico e divulgatore da sempre di storia militare. Ha diretto per diversi anni riviste nazionali specializzate di carattere storico e uniformologico. Ha pubblicato un importante lavoro, recentemente ristampato su 5 volumi, dedicato alla guerra dei 30 anni (1618-1648) il primo mai stampato in Italia sull'argomento. L'autore ha oggi al suo attivo molti titoli delle collane Soldiershop, Bookmoon e Museum sia in qualità di autore che di illustratore.

Gianpaolo Bistulfi was born in Milan where he lives and works. He has always had a passion for drawing and painting. In 1987, he discovered the world of flat soldiers, virtually unknown in Italy. Gianpaolo has dedicated himself to making the world of flats known in Italy: he has created a very extensive website on the subject; he has written and writes articles for specialized magazines in Italy, Germany and England; he has collaborated in the publication of some books by providing photos of the figures of his wide collection of flat figures. His collection is one of the most important in the world.

Gianpaolo Bistulfi è nato a Milano dove risiede e lavora. laureato in Ingegneria elettrotecnica al Politecnico di Milano. Ha sempre avuto una passione per il disegno e la pittura. Nel 1987, scopre il mondo dei soldatini piatti, all'epoca poco sconosciuti in Italia. In breve diventa uno dei massimi artisti di riferimento mondiale nella colorazione e raccolta di soldatini piatti. La sua collezione è da annoverare fra le più grandi del mondo. Ha contatti con tutto il gotha di artisti e produttori di zinnfiguren e gestisce un blog molto seguito.

ACKNOWLEDGEMENT - RICONOSCIMENTI:

A special acknowledgement goes to our master paper kraft Giuseppe Cristini, expert author of all the "clippings" and assembly of our kits and buildings. A thank you also goes to all the artists of flat painted soldiers not mentioned of the models belonging to the authors' collections. Last a thanks to Anna Cristini, author of the assembly of all the figures' stands.

Uno speciale riconoscimento va al nostro master paper kraft Giuseppe Cristini, esperto autore di tutti i "ritagli" e montaggi dei nostri kit ed edifici. Un ringraziamento va anche a tutti gli autori di soldatini piatti dipinti non citati dei modelli appartenenti alle collezioni degli autori. Ad Anna Cristini autrice del montaggio degli stand dei figurini.

Title: **Play the Italian War of Independence - Gioca a wargame alle guerre risorgimentali**
By Luca Stefano cristini & Gianpaolo Bistulfi
Serie Paper Battles&Dioramas edit by Luca S. Cristini. First edition by Soldiershop series. Gennaio 2020
Cover & Art Design: Luca S. Cristini. ISBN code: 978-88-93275439
Published by Luca Cristini Editore, via Orio 35/4- 24050 Zanica (BG) ITALY. www.soldiershop.com

PLAY THE ITALIAN WARS OF INDEPENDENCE
GIOCA A WARGAME ALLE GUERRE RISORGIMENTALI

PREFACE

Project made possible by the great and beautiful collection of Gianpaolo Bistulfi, who in many years of modeling career has personally painted thousands of toy soldiers. Now these soldiers will be at your disposal to obtain, with little effort, entire armies of battalions of infantry, squadrons of cavalry, batteries of cannons, houses and buildings, trees and much more material needed to create the scenes of your battle. We also explain tricks and modes for a good assembly of the pieces, as well as the official rules for playing wargame.

In the books there are also rich and detailed sceneries to play, which faithfully reproduce maps of battles and positions of armies of the past, to make it all more akin to the history and therefore enormously more interesting.

All in 50 pages full of hundreds of soldiers supplied in the standard scale of 25/28mm that you can, for personal use only, photocopy on thicker cardboard and thus get armed with the desired size. Always acting on the printing you can, enlarging or on the contrary reducing the scale, get toy soldiers in other scales from 10mm to 30mm!

Obviously we remind you that any commercial use is forbidden as the copyright remains the property of Soldiershop. Given the low cover price of our volumes it may be cheaper for you to get the toy soldiers directly from our books, you have the choice!

We have several new titles in working for our new series, destined in the short term to present an increasing number of sceneries, battles or dioramas. Follow us on our website www.soldiershop.com, on our Facebook page (Paper Battles&Dioramas) and on our YouTube channel (Soldiershop Publishing). Soon we will add free content that will allow you to enrich and improve your armies. So what are you waiting for? Wear the general commander's shoulder pads, equip yourself with a capable table, a practical ruler to measure, a pair of dice and get ready to lead hundreds or thousands of armed in epic and exciting battles of history.

Have fun!   Luca Cristini

PREFAZIONE

Progetto reso possibile dalla grande e bellissima collezione dell'amico Gianpaolo Bistulfi, che in tanti anni di carriera modellistica ha dipinto personalmente migliaia di soldatini. Ora questi soldatini saranno a vostra disposizione per ottenere con poca fatica intere armate di battaglioni di fanti, squadroni di cavalleria, batterie di cannoni, case ed edifici, alberi e tanto altro materiale necessario per creare le scene della vostra battaglia. Spieghiamo inoltre trucchi e modalità per un buon montaggio dei pezzi, così come forniamo le regole ufficiali per giocare a wargame.

Inoltre nei libri sono presenti ricchi e dettagliati scenari da giocare, che riprendono fedelmente mappe di battaglie e disposizioni di eserciti del passato, per rendere il tutto più affine alla storia e quindi enormemente più interessante.

Il tutto in 50 pagine fitte di centinaia di soldati forniti nella scala standard di 25/28mm che potrete, per solo uso personale, fotocopiare su cartoncino più spesso ed ottenere così armate delle dimensioni desiderate. Sempre agendo sulla stampa potrete, ingrandendo o al contrario riducendo la scala, ottenere soldatini in altre scale da 10mm a 30mm! Resta proibito qualsiasi uso commerciale in quanto il copyright rimane proprietà esclusiva di Soldiershop. Dato il contenuto prezzo di copertina dei nostri volumi potrebbe essere più conveniente per voi ricavare i soldatini direttamente dai nostri libri, a voi la scelta!

Abbiamo in cantiere diversi titoli per la nostra nuova collana, destinata nel breve a presentare un numero sempre maggiore di scenari, battaglie o diorami. Seguiteci sul nostro sito www.soldiershop.com, sulla nostra pagina Facebook (Paper battles&dioramas) e sul nostro canale YouTube (Soldiershop Publishing). A breve aggiungeremo anche contenuti free che vi consentiranno di arricchire e migliorare i vostri eserciti. Quindi cosa aspettate? Indossate le spalline da generale comandante, dotatevi di un capace tavolo, un pratico righello per misurare, un paio di dadi e preparatevi a guidare centinaia o migliaia di armati in epiche e appassionanti battaglie della storia.

Buon divertimento!   Luca Cristini

HOW TO ASSEMBLE YOUR PAPER ARMY AND YOUR DIORAMAS
COME MONTARE LA VOSTRA ARMATA DI CARTA E I VOSTRI DIORAMI

In order to create numerous armies, you can directly use our toy soldiers or, alternatively, photocopy them (only and exclusively for personal use, any other right is excluded). Our sheets have a size of 8x10 inches, (20.3 x 25.4 cm). Our toy soldiers are from 25 mm to 28 mm high. If you want to obtain toy soldiers on a different size from the one provided, you must either reduce them or, on the opposite, enlarge them in scale. We recommend using professional or service copiers that certainly offer better print quality. Our bases come in multiple sizes or fractions of 4 cm long by 2 cm wide (sometimes 1 cm, as with single artillerymen, bushes, accessories etc.). The average length of the cavalry is 8 cm, while for infantry it is 4, 8 or 12 cm. Command or flag sections come in 4 cm bases. The bases for artillery are 4x4 cm.

Uniforms in the first half of the 17th century were not coded, they were dressed, it is said, to the bourgeoisie with hats, trousers and tunics of various colors: brown, grey, green, etc... Therefore, as far as possible, mark the armies in order to recognize and separate them (in many cases they are already indicated by the country of origin). If you are skilled you can also easily recolor some parts of the tunics and clothing with markers or with acrylic colors, and a brush in the case of dark colors bases.

We recommend using 80 or 100 grams of cardboard, not thicker otherwise you will have some difficulty when cutting, and that's the optimal

Paper sheets - I fogli con i modelli

Per favorire la creazione di eserciti numerosi potete utilizzare direttamente i nostri soldatini o in alternativa fotocopiarli (esclusivamente per uso personale, ogni altro diritto è escluso). I nostri fogli sono nel formato 8x10 pollici (20,3 cm x 25,4 cm). I soldatini hanno un'altezza media da 25 mm a 28 mm circa. Se si vogliono ottenere soldatini in scala diversa da quella fornita basterà ridurli o ingrandirli in scala. Consigliamo di utilizzare fotocopiatrici professionali o service che certamente offrono una migliore qualità di stampa. Le basi sono hanno misure multiple di 4 cm di lunghezza per 2 cm di altezza (1 cm nel caso di artiglieri singoli, cespugli, accessori ecc.). La lunghezza media della cavalleria è 8 cm, mentre per la fanteria si usano 4, 8 o 12 cm. Per le sezioni comando o bandiera, o comandante, la base è di 4 cm. Per l'artiglieria sono 4x4 cm.

Le uniformi nella prima metà del XVII secolo non erano codificate, ci si vestiva per così dire alla borghese con cappellacci, pantaloni e tuniche di diversi colori: marroni, grigi, verdi... Quindi marchiate le armate in modo da riconoscere i diversi eserciti (in molti casi sono già indicati per nazione di appartenenza). Se siete abili potete anche ricolorare facilmente alcune parti delle tuniche e del vestiario con pennarelli nel caso di fondi di colore chiaro, o con colori acrilici e un pennellino nel caso di base con colori scuri.

I nostri kit di soldatini ed edifici sono generalmente facili da montare. Consigliamo di utilizzare cartoncini

weight once the glue dries. For what concerns the glue you have many possibilities, it just depends on your experiences, Vinylic, UHU or glue stick are always indicated. As you can see, our toy soldiers are printed on both sides. This is not a real front and back, as we have chosen to show soldiers moving from right to left or vice versa and rarely in front. However, the result is superb. Each group is generally divided by a thin line that indicates the exact position in which the paper should be folded, perhaps with the help of a ruler, and then glued so to match the two parts, except the bases that should be folded 90 degrees outward. Once the glue is completely dry, weld the two semi-bases onto a heavier cardboard

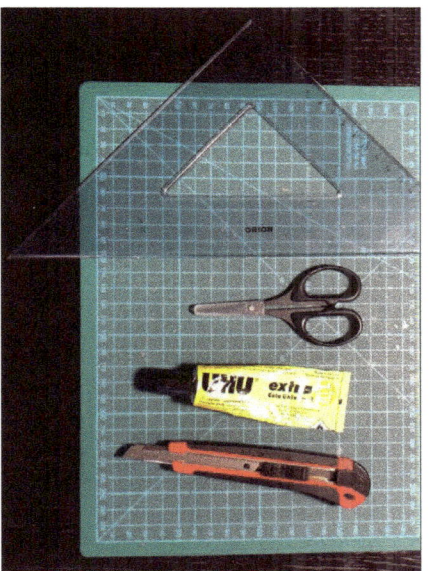

Tools & glue - Attrezzi e colla

that gives the base its solidity. If you want you can also glue some synthetic grass to the base for an even more realistic effect. In this case we suggest to apply a thin layer of vinyl glue and pour the synthetic grass until it is welded, then blowing away the excess. Once the whole thing is fixed, we must proceed to cut the "white" parts that surround the soldiers and their weapons or flags. Use scissors or cutters for this, depending on the part you have to work with. Also remember to pay attention to the formation of units, following the instructions given in the chapter of tactics or scenarios attached to the book. Therefore, make a number of commanders, generals, command sections and flags proportional to the battalions, squadrons or batteries of cannons of which your army is formed. On the cannon bases remember to put an appropriate number of artillerymen (with base 1 cm).

Making 3D models

In our sheets we offer the possibility of making artillery pieces or carriages in 3D format. If you are not interested we also provide some solutions with "flat" models as the toy soldiers themselves. All models in 3D give a whole different look to the scene or to the diorama you create. They are obviously a bit more complex to assemble but with time you will certainly learn to overcome this obstacle. The greatest difficulties, as well as with the buildings, are with the cannons and wagons. Here you simply have to proceed step by step, welding all the parts stamped in duplicate: cutter, wheels, etc... For the canes of the cannons, use a bodkin or a nail of a certain thickness and roll

di 150/200 grammi per metro, non più spessi altrimenti sarà più complicato tagliare tutto quanto, e in ogni caso quel peso è l'ideale una volta asciugata la colla. Per quanto riguarda il collante avete molte possibilità, Vinavil, UHU o colle stick sempre pratiche. I nostri soldatini sono stampati su due lati. Tuttavia non si tratta di un vero e proprio fronte retro, dato che abbiamo scelto di mostrare soldati in movimento da destra a sinistra o viceversa e raramente di fronte. In ogni caso il risultato è comunque superbo. Ogni gruppo è generalmente diviso da una sottile linea che indica la esatta posizione in cui la carta va piegata, magari aiutandosi con un righello, e poi incollata in modo da far combaciare le due parti, ad eccezione delle basi che invece vanno piegate di 90 gradi verso l'esterno. Una volta secca la colla saldiamo le due semi basi su un cartoncino più pesante per conferire solidità alla base. Volendo potremmo anche incollare dell'erba sintetica da modellismo alla base per un effetto ancora più realistico. In questo caso suggeriamo di stendere un leggero velo di colla vinilica e versare a pioggia l'erba sintetica finche si salda, soffiando poi via l'eccesso. Una volta saldato il tutto si procederà a tagliare le parti "bianche" che circondano i soldatini e le loro armi o le loro bandiere. Utilizzate per questo forbici o cutter a seconda della pratica che avrete sviluppato. Ricordate anche di prestare attenzione alla formazione delle unità, seguendo le indicazioni fornite nel capitolo delle tattiche o degli scenari allegati nel libro. Pertanto realizzate un numero di comandanti, generali, sezioni comando e bandiere proporzionale ai battaglioni, agli squadroni o alle batterie di cannoni da cui è formato il vostro esercito. Sulle basi dei cannoni incollate un numero adeguato di artiglieri (a base 1 cm).

Realizzare modelli in 3D

Nei nostri fogli offriamo sempre la possibilità di realizzare pezzi d'artiglieria, carriaggi, carrozze anche in formato tridimensionale, fornendo ugualmente anche alcune soluzioni con modelli "piatti" come i soldatini stessi. Tuttavia i modelli in 3D conferiscono tutto un altro aspetto alla scena o al diorama. Sono ovviamente procedimenti un po' più complessi, ma con il tempo imparerete certamente a superare anche questo ostacolo. Le maggiori difficoltà, oltre che con gli edifici, si avranno con i cannoni e con i carri. Qui dovrete semplicemente procedere passo a passo,

the rod until you have the desired caliber, then close the ends with the drawings of the breech and the mouth of the cannon. Once the glue has dried, it is time to add the metal rims to the wheels of the cannons and the bands to the frames. Then assemble the piece with the various parts of which it is composed: the shaft, the connecting axes, the wheels and the barrel of the cannon. Finally, the ammunition box. In the same way, proceed to assemble the wagons. For the towing you can decide, if the design of the subject allows it, to make two lines of horses that pull the pieces or wagons. In this case, you should reduce the internal width of the bases of the horses, so to appear proportionate to the piece or wagon that they will have to pull.

For artillery gabions, you will find models in two or three dimensions. In the case of the 3D, roll up the gabion until it matches the two extremes. Glue the white tab, then proceed to insert the cover from above and weld everything on the base to the ground, slightly wider.

Build trees & accessories for dioramas

The process is quite simple. It is better to use slightly thicker cards in this case, avoiding vinyl glues that with their watery base would make the assembly a bit complicated. Given the almost total presence of straight lines, the buildings should be cut with ruler and cutter. We always suggest to use new blades and to cut the lines several times, considering the thickness of the cardboard. Once the walls and perimeters have been cut, proceed to fold all the white tabs 90°. Once obtained the corners you will then proceed to fix the various parts to the white tabs. The diagrams provided in the various pages will certainly help you to understand how to proceed in the assembly. Once the structure is assembled, add all the details such as windows, doors, recesses, etc... Finally, to make the building balance, draw wider base. You can colour the visible part of this base in ground colour and the building is ready. For trees and vegetation proceed in the usual way of toy soldiers and bushes in 2D. Otherwise you can use the same design several times to create trees on three or even four faces in perfect 3D style!

saldando prima di tutto tutte le parti stampate in doppio: affusto e ruote. Per le canne dei cannoni munitevi di un punteruolo o di un chiodo di un certo spessore, e arrotolate la canna fino ad ottenere il calibro desiderato; chiudete poi le estremità con i disegni della culatta e la bocca del cannone. Una volta secca la colla è il momento di aggiungere i cerchioni in metallo alle ruote dei cannoni, e le fasce agli affusti. Assemblate poi il pezzo con le varie parti di cui è composto: affusto, assi di congiunzione, ruote e canna del cannone. Infine la scatola delle munizioni. Allo stesso modo procedete nel montaggio dei carriaggi. Per i traini potete decidere, se il disegno del soggetto ve lo consente, di fare due linee di cavalli che trainano i pezzi o i carri. In questo caso abbiate cura di ridurre la larghezza interna delle basi dei cavalli da tiro in modo da apparire proporzionati al pezzo o al carro che dovranno trainare.

Per i gabbioni d'artiglieria, anche qui avrete a disposizione modelli a due o tre dimensioni. Nel caso del 3D, arrotolate il gabbione fino a farlo combaciare con le due stremità. Incollate la linguetta bianca, poi procedete ad inserire il coperchio dall'alto e a saldare il tutto sulla base a terra, leggermente più larga.

Costruire edifici, alberi e accessori per i diorami

Il procedimento è abbastanza semplice. È meglio utilizzare in questo caso cartoncini leggermente più spessi, evitando colle viniliche che con la loro base acquosa renderebbero il montaggio un po' complicato. Vista la pressoché totale presenza di linee dritte, gli edifici vanno ritagliati con righello e cutter. Consiglio di usare sempre lame nuove e di incidere più volte le linee, visto lo spessore del cartoncino. Una volta tagliate le pareti e i perimetri, procediamo alla piega di tutte le linguette bianche di 90 gradi. Ottenuti gli angoli andranno fissate le varie parti alle linguette bianche. Gli schemi forniti nelle varie pagine vi aiuteranno

Engrave and cut - Incidi e taglia

senz'altro a comprendere come procedere nell'assemblaggio. Una volta montata la struttura aggiungete tutti i particolari come finestre, porte, abbaini e rientranze. Infine, per stabilizzare il tutto, disegnate una base dalla larghezza appena superiore a quella dell'edificio. Potrete colorare la parte visibile di questa base in color terra e l'edificio sarà pronto. Per alberi e vegetazioni procedete nella solita maniera dei soldatini bidimensionali. Altrimenti poterete usare più volte lo stesso disegno per creare alberi su tre o anche quattro facce in perfetto stile 3D!

THE ITALIAN WARS OF INDEPENDENCE 1848-1870
L'EPOPEA DELLE GUERRE RISORGIMENTALI 1848-1870

The **Italian wars of independence** were three conflicts which, together with Garibaldi's enterprises, had as their final result the transformation of the small Kingdom of Sardinia into the new Kingdom of Italy. These events were the main episodes of the Risorgimento and were the arrival point of the Kingdom of Sardinia's policy, led by the Prime Minister Count of Cavour,the various revolutionary movements and groups such as those led by Mazzini, Garibaldi and others who, starting from the end of the Napoleonic wars, advocated the unification of the lands inhabited by Italians. This unification took place as an expansion, sanctioned by plebiscites of the Savoy State, politically supported by liberal England and by the military alliance with the French Empire ruled by Napoleon III first and with Otto von Bismarck's Prussia later, mainly to the detriment of all the small pre-unitary states formed or consolidated in the peninsula following the Congress of Vienna and the possessions of Habsburg Austria. Among the most important are the Kingdom of the two Sicilies, the Church State, the Grand Duchy of Tuscany and those of Parma, Modena and Lucca. The three wars took place in 1848, the first of which ended with the defeat of the Piedmontese. In 1859 the second war of Independence was fought with a decidedly more glorious outcome for the Italian flags. This, together with Garibaldi's 1,000 expedition in 1860, led to the formation of the first large national blockade. Finally, in 1866, the third and last war of independence took place, in which, allied with the Prussians of Bismarck, Italy also added Veneto to the new map. Only Rome remained, which was liberated in September 1870 following the famous episode of the breach of Porta Pia.

Le **guerre d'indipendenza italiane** furono tre conflitti che, insieme alle imprese garibaldine, ebbero come esito finale la trasformazione del piccolo Regno di Sardegna nel nuovo Regno d'Italia. Tali eventi furono gli episodi principali del Risorgimento e furono il punto di arrivo della politica del Regno di Sardegna, guidato dal primo ministro conte di Cavour e dei vari movimenti e gruppi rivoluzionari come quelli capeggiati da Mazzini, Garibaldi e altri che a partire dalla fine delle guerre napoleoniche propugnavano l'unificazione delle terre abitate da italiani. Tale unificazione si realizzò come un'espansione, sancita da plebisciti, dello Stato sabaudo, sostenuto politicamente dall'Inghilterra liberale e dall'alleanza militare con l'Impero francese retto da Napoleone III prima e con la Prussia di Otto von Bismarck poi, ai danni principalmente di tutti i piccoli stati preunitari formatisi o consolidati nella penisola a seguito del Congresso di Vienna e dei possedimenti dell'Austria asburgica . Fra i più importanti ricordiamo il Regno delle due Sicilie, lo Stato della Chiesa, il Granducato di Toscana e quelli di Parma, Modena e Lucca. Le tre guerre ebbero luogo nel 1848 la prima, che si concluse con la disfatta dei piemontesi. Nel 1859 benne combattuta la seconda guerra d'Indipendenza dall'esito decisamente più gloriose per le bandiere italiane. Questa insieme alla spedizione dei 1.000 di Garibaldi, avvenuta nel 1860 portò alla formazione del primo grosso blocco nazionale. Infine nel 1866 ebbe luogo la terza e ultima guerra d'indipendenza, in cui alleati con i prussiani di Bismarck, l'Italia aggiunse anche il veneto alla nuova cartina. Rimaneva solo Roma, che verrà liberata nel settembre del 1870 a seguito del famoso episodio della breccia di porta Pia.

RULES FOR THE GAME OF ITALIAN WAR OF INDEPENDENCE

The soldiers: those provided in our book are in a 25/28 mm (1/72) scale. You can play wargames with soldiers of different sizes. The choice depends on the player's preferences: the bigger the miniature, more details are required. The scales usually used for wargame are: 15 mm, 20 mm and 25/28 mm. Acting on the scale of the copier you can easily set the figures in the other sizes of 20 mm or 15 mm. The toy soldiers are placed on bases of 4, 8 or 12 cm. In some cases they are on a base of 2 cm(crews of guns, tank drivers, etc.) while rarely they stay on a base of 6 cm. If you choose different measures, make sure to calculate the size indicated in the rules accordingly.

Each 8 cm cavalry base includes 4 to 6 units (toy soldiers). The command base includes 1 or 2 units. Each 12 cm long infantry base counts from 12 to 25 units. The infantry base generally has 4 units. Commanders and single flags count one unit. Each artillery base has one gun and 3 to 5 units. The same applies to wagons.

Formations:

There are only two formations for regular infantry - line and column. The names of these formations can be very confusing for some people. A good tip & tricks are named the formations "firing line" (like a firing squad), and "marching column." Lines may be single or double rank, and may bend. Columns are single company. Units may change formation at the start or end of their movement, but can only change formation once per turn. Cannons units don't have formations.

Deployment:

The armies of the time generally sided with infantry in the middle and cavalry on their wings. The artillery cannons were placed in the front line and also around the regimental formations.

Game sequence:

Roll of dice to know who has the right to move first. Only six-sided dice are used in the game.
1. Movement of the first player's soldiers (A)
2. Player A shoots
3. Movement of the second player's soldiers (B)
4. Player B shoots
5. Melee

Movement:

Regular Infantry can move 15 cm (6") if they are in line formation or 25 cm (10") if they are in column formation. Cavalry and Commanders may move 30 cm (12"). Cannons

REGOLE PER IL GIOCO DELLE GUERRE RISORGIMENTALI

I soldatini: quelli forniti nel nostro libro sono nella scala in 25/28mm (1/72). A wargame si può giocare con soldatini di diverse dimensioni. La scelta, ovviamente, dipende dai gusti del giocatore: più la miniatura è grande e maggiori sono i dettagli richiesti. Le scale solitamente usate per il wargame sono: il 15mm, il 20mm, il 25/28mm. Agendo sulla scala della fotocopiatrice potrete facilmente quindi scalare le figura anche nelle altre misure di 20 o 15mm. I soldatini sono posti su basi di 4, 8 o 12 cm. In alcuni casi sono su base di 2 (equipaggi dei cannoni, conducenti carri ecc.) in altri rari casi su basi di 6 cm. Nel caso scegliate misure diverse, calcolate le misure indicate nelle regole di conseguenza. Ogni base di cavalleria 8cm conta da 4 a 6 unità (soldatini). La base comando 1 o due unità. Ogni base di fanteria lunga 12cm conta da 12 a 25 unità. la base comando di fanteria generalmente su 4 unità. Comandanti e bandiere singole contano una unità. Ogni base di artiglieria conta un cannone e da 3 a 5 unità. Idem per i carriaggi.

Formazioni:

Ci sono solo due formazioni per la fanteria regolare: in linea o in colonna. I nomi di queste formazioni possono confondere qualcuno meno esperto. Un buon trucco che permettere di capire meglio è definirli: formazioni "linea di fuoco" e formazioni "colonna in marcia". Le linee possono essere a fila singola o doppia e possono piegarsi. Le colonne sono una singola fila. Le unità possono cambiare formazione all'inizio o alla fine del loro movimento, ma possono cambiare formazione solo una volta per turno. Le unità di artiglieria non hanno formazioni.

Dispiegamento:

Gli eserciti dell'epoca si schieravano generalmente con la fanteria al centro e la cavalleria sulle ali. I cannoni erano posizionati in prima linea e anche attorno alle formazioni reggimentali.

Sequenza di gioco:

Lancio di dadi per sapere chi ha il diritto a muovere per primo. Nel gioco vengono utilizzati solo dadi a sei facce.
1. Movimento dei soldati del primo giocatore (A)
2. Il giocatore A tira
3. Movimento dei soldati del secondo giocatore (B)
4. Il giocatore B spara
5. Mischia

Movimento:

La fanteria regolare può muovere di 15 cm (6 ") se in linea o di 25 cm (10") se posta in colonna. Cavalleria e comandanti possono muovere di 30 cm (12 "). I cannoni possono muo-

can move 30 cm (12") but may not fire on a turn when it was moved. A cannon which has moved and cannot fire should point away from the enemy. Cannons can pivot in place during movement and still fire. Units may not move within 2,5 cm (1") of an enemy unit except when charging. Cavalry can not move into the woods or built up areas.

Fire:

Infantry that are in line formation and artillery that didn't move this turn may fire. Range is measured from the center of a unit to the nearest part of the target unit. Units may only fire to the front and may not fire through narrow gaps between friendly units. Roll one die per infantry base or four dice per cannon. The chart indicates the number needed for a hit. Remove one base for each hit rolled by the firing unit. It takes three hits in the same turn to remove a cannon. Note that you only use the 1" firing column when shooting at a charging unit. If a unit is reduced to a single surviving base then the last base is immediately removed. Units in column are good targets. Roll two extra dice when shooting at columns. Targets in the woods or built up areas receive protection from enemy fire. Units in the woods that are shot at by enemy infantry get saving throws. Roll 1D6 for each hit, ignore the hit if the saving roll is a 5 - 6. There are no saves against cannon fire from within the woods. Units in the built up areas are protected from infantry and cannon fire. Roll 1D6 for each hit, ignore the hit if the saving roll is a 5 - 6. Cannons and cavalry are not allowed into the woods.

Charges:

Both units (infantry & cavalry) may charge during the charge phase. Cavalry can charge 30 cm (12"), infantry can charge 15 cm (6"). Cannons do not charge. A unit may not declare a charge unless it is in line formation and can reach an enemy unit.. A player may measure to see if a unit is within charge range. One enemy unit must be chosen as the target of the charge. A unit that wishes to charge must first pass a morale check. If the unit fails moral nothing happens, it cannot charge this turn. If the unit passes its morale check then the target must pass a morale check. If the target fails it loses one base and immediately retreats 30 cm (12"), the charging unit is moved into the position vacated by the retreating target unit. If artillery is the target and it fails morale it is eliminated. If the target passes the morale check it has the option of firing at the chargers or counter charging. If the unit counter charges the two units meet in the middle and fight a melee. If the target decides to fire at the chargers it does so at a range of 15 cm (6"). If the charging unit survives the fire it moves into contact with the target and they fight a melee.

versi di 30 cm (12 ") ma non possono sparare in un turno quando vengono mossi. I cannoni possono ruotare in posizione durante il movimento e sparare ancora. Le unità non possono muoversi in un raggio di 2,5 cm (1 ") da un'unità nemica tranne quando caricano. La cavalleria non può muoversi nei boschi o nelle aree edificate.

Fuoco:

La fanteria in formazione di linea e l'artiglieria che non si è mossa in un turno possono sparare. Il raggio viene misurato dal centro di un'unità alla parte più vicina dell'unità bersaglio. Le unità possono sparare solo in avanti e non possono sparare attraverso spazi ristretti tra unità amiche. Tira un dado per base di fanteria o quattro dadi per cannone. Nella tabella a Pag. 11 sono riportati i valori necessari. Rimuovi una base per ogni colpo andato a segno. Ci vogliono tre colpi utili nello stesso turno per rimuovere un cannone. Se un'unità viene ridotta a una singola base, questa base viene immediatamente rimossa. Le unità poste in colonna sono ottimi obiettivi. Lancia due dadi extra quando spari alle colonne. I bersagli nei boschi o nelle aree costruite ricevono protezione dal fuoco nemico: le unità nei boschi colpite dalla fanteria nemica possono fare tiri salvezza. Tira 1 dado per ogni colpo, ignora il colpo se il tiro salvezza è 5 - 6. Non ci sono protezioni contro il fuoco dei cannoni all'interno del bosco. Le unità nelle aree costruite sono invece protette dalla fanteria e dal fuoco dei cannoni. Tira 1 dado per ogni colpo, ignora il colpo se il tiro salvezza è un 5 - 6. Cannoni e cavalleria non sono ammessi nei boschi.

Cariche:

Entrambe le unità di fanteria e cavalleria possono caricare durante la fase di carica. La cavalleria può caricare entro 30 cm (12 "), la fanteria può caricare entro 15 cm (6").
I cannoni non caricano. Un'unità non può dichiarare una carica a meno che non sia in formazione in linea e si trovi nel raggio di un'unità nemica. Un giocatore può misurare per vedere se un'unità si trova nel raggio di carica. Un'unità nemica deve essere scelta anticipatamente come bersaglio della carica. Un'unità che desidera caricare deve prima passare un controllo del morale. Se l'unità fallisce il morale non succede nulla ma non può caricare in questo turno.
Se l'unità passa il controllo del morale, il bersaglio deve a sua volta passare un controllo del morale.Se il bersaglio fallisce perde una base e si ritira immediatamente di 30 cm (12 "), l'unità che carica viene spostata nella posizione lasciata libera dall'unità bersaglio in ritirata. Se una unità di artiglieria è il bersaglio e fallisce il morale viene eliminata. Se il bersaglio supera il controllo del morale ha la possibilità di sparare ai chi carica o di fare una contro carica! Se si opta per una contro carica le due unità si incontrano e

If a unit has to take a morale check Roll one die and add any modifiers. If the roll is less than or equal to the number of bases (plus a commander if one is present), then it has passed. If the role is greater then it fails. Cannons pass on a roll of four. If the target is a Guard's unit or cavalry calculate a -1 to dice result.

Melee:

If a charging unit contacts an enemy unit there will be a melee. Each side rolls a die and applies the modifiers. High roll wins. The loser removes a stand and retreats 30 cm (12"). If the roll is a tie each side removes a stand and rolls again. A cannon counts as three bases in melee.

Commanders:

A Commander may join or leave one of his units during movement. This unit gets a +1 bonus on all melee rolls and the officer counts as a base when testing morale. Every time a unit with an attached commander is completely eliminated by enemy fire (last base removed), or is engaged in a melee (win or lose) roll one die. If the roll is a 6 the commander is a casualty and is removed from play. This is the only way a commander can be eliminated.

Bibliography and web sources:

- *L'esercito piemontese alla vigilia della seconda guerra per l'indipendenza d'Italia 1849-1859 Vol. 1 la fanteria*, Soldiershop by A.Melani ed Enrico Ricciardi.
- *L'esercito piemontese alla vigilia della seconda guerra per l'indipendenza d'Italia 1849-1859 Vol. 2 la cavalleria*, Soldiershop by A.Melani ed Enrico Ricciardi
- *Garibaldi in Sudamerica*, Soldiershop by B.Mugnai.
- *Quaderni Cenni sugli stati preunitari*, 15 titoli sull'argomento Soldiershop by L.Cristini
- *Venezia 1848-1849*, Soldiershop by P.Romeo di Colloredo Mels

Alternative Italian and English rules:

- *Basic Impetus 2.0*, Dadi e piombo, by L. Sartori. www.dadiepiombo.com
- Rasenna wargame rules by Riccardo Affinati see his page: https://www.facebook.com/notes/rasenna-italia/rasenna-le-varie-espansioni/713454012431211/

combattono una mischia. Se il bersaglio decide invece di sparare ai caricanti, lo fa a calcolando gli effetti di una distanza di 15 cm (6 "). Se l'unità che carica sopravvive al fuoco nemico i due avversari combattono una mischia.

Se un'unità deve subire un controllo morale, tira un dado e aggiungi eventuali valori di modifica. Se il tiro è inferiore o uguale al numero di basi impegnate (più un comandante se presente), allora il morale è passato. Se tiro del dado è maggiore, allora fallisce. I cannoni passano un tiro di quattro. Se il bersaglio è un'unità della Guardia o di cavalleria calcolare un risultato di -1 per calcolare il morale..

Mischia:

Se un'unità in carica contatta un'unità nemica si ha una mischia. Ogni giocatore lancia un dado e applica i valori modificatori in tabella a pag. 11. Vince il tiro alto. Il perdente rimuove un supporto e si ritira di 30 cm (12 "). Se il tiro è un pareggio, ogni giocatore rimuove un supporto e tira di nuovo il dado. Un cannone conta come tre basi in mischia.

Comandanti:

Un comandante può unirsi o lasciare una delle sue unità durante il movimento. Questa unità ottiene un bonus di +1 su tutti i tiri di mischia e l'ufficiale conta come base quando prova il morale. Ogni volta che un'unità con un comandante viene attaccato e viene poi completamente eliminata dal fuoco nemico (ultima base rimossa), o viene ingaggiata in una mischia (vinci o perdi) tira un nuovo dado. Se il tiro è 6, il comandante è colpito e viene rimosso dal gioco. Questo è l'unico modo per eliminare un comandante.

Bibliografia e risorse web:

- *L'esercito piemontese alla vigilia della seconda guerra per l'indipendenza d'Italia 1849-1859 Vol. 1 la fanteria*, Soldiershop by A.Melani ed Enrico Ricciardi.
- *L'esercito piemontese alla vigilia della seconda guerra per l'indipendenza d'Italia 1849-1859 Vol. 2 la cavalleria*, Soldiershop by A.Melani ed Enrico Ricciardi
- *Garibaldi in Sudamerica*, Soldiershop by B.Mugnai.
- *Quaderni Cenni sugli stati preunitari*, 15 titoli sull'argomento Soldiershop by L.Cristini
- *Venezia 1848-1849*, Soldiershop by P.Romeo di Colloredo Mels

Regole alternative in italiano e inglese:

- Basic Impetus 2.0 edito da dadi e piombo. L.Sartori. www.dadiepiombo.com
- Regolamento wargame Rasenna a cura di Riccardo Affinati alla pagina: https://www.facebook.com/notes/rasenna-italia/rasenna-le-varie-espansioni/713454012431211/

WARGAME TABLES

Movements overview	
Unit	**Movement**
Cavalry and Commanders	30 cm (12")
Infantry in line	15 cm (6")
Infantry in column	25 cm (10")
Cannons	30 cm (12")

Shooting range overview			
Unit	**Range**	**Dice per Stand**	**To Hit**
Infantry & Cavalry	Just 15 cm (6")	1	5 or 6
Infantry	Just to 30 cm (12")	1	6
Cannons	Just 15 cm (6")	4	4. 5 or 6
Cannons	Just to 30 cm (12")	4	6
If the target is in column add two dice			

Melee die roll modifiers	
Unit	
Defending built area, More stands than opponent	+1
Commanders, Guard infantry, cavalry	+1
Cannon or column formations	−1

TABELLE WARGAME

Riepilogo movimenti	
Unità	**Movimenti**
Cavalleria e comandanti	30 cm (12")
Fanteria in linea	15 cm (6")
fanteria in colonna	25 cm (10")
Cannoni	30 cm (12")

Riepilogo tiro-fuoco			
Unità	**Distanza**	**Dado da sei**	**Colpito con**
Fanteria e Cavalleria	fino a 15 cm (6")	1	5 o 6
Fanteria	fino a 30 cm (12")	1	6
Cannoni	fino a 15 cm (6")	4	4, 5 o 6
Cannoni	fino a 30 cm (12")	4	6
Se il bersaglio è una colonna di fanteria raddoppiare il tiro dei dadi			

Riepilogo mischia - modifiche al risultato dei dadi	
Unità	
Difensori in edifici, maggiori unità dell'avversario	+1
Comandanti, Guardia o cavalleria	+1
Cannoni o formazioni in colonna	−1

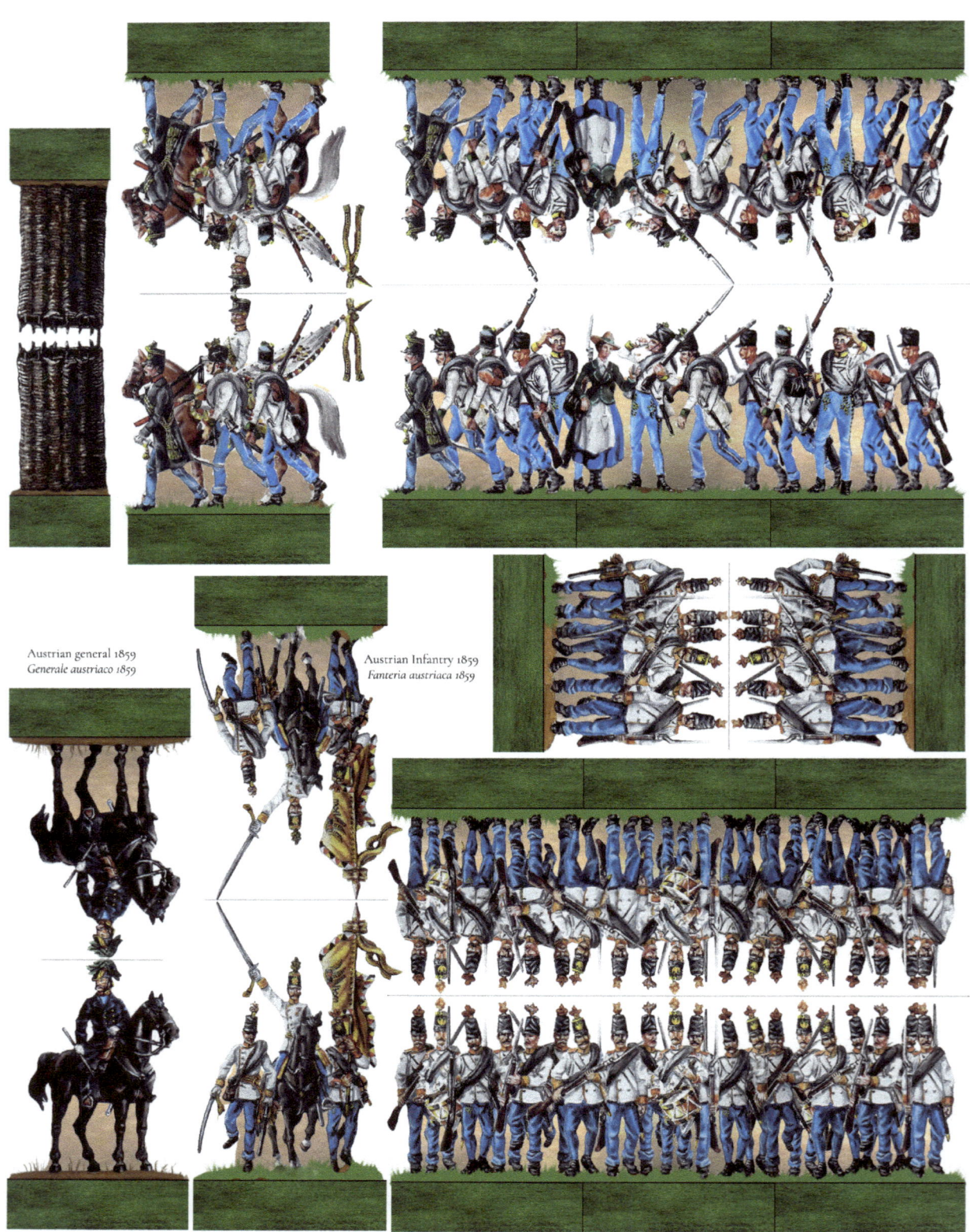

Austrian general 1859
Generale austriaco 1859

Austrian Infantry 1859
Fanteria austriaca 1859

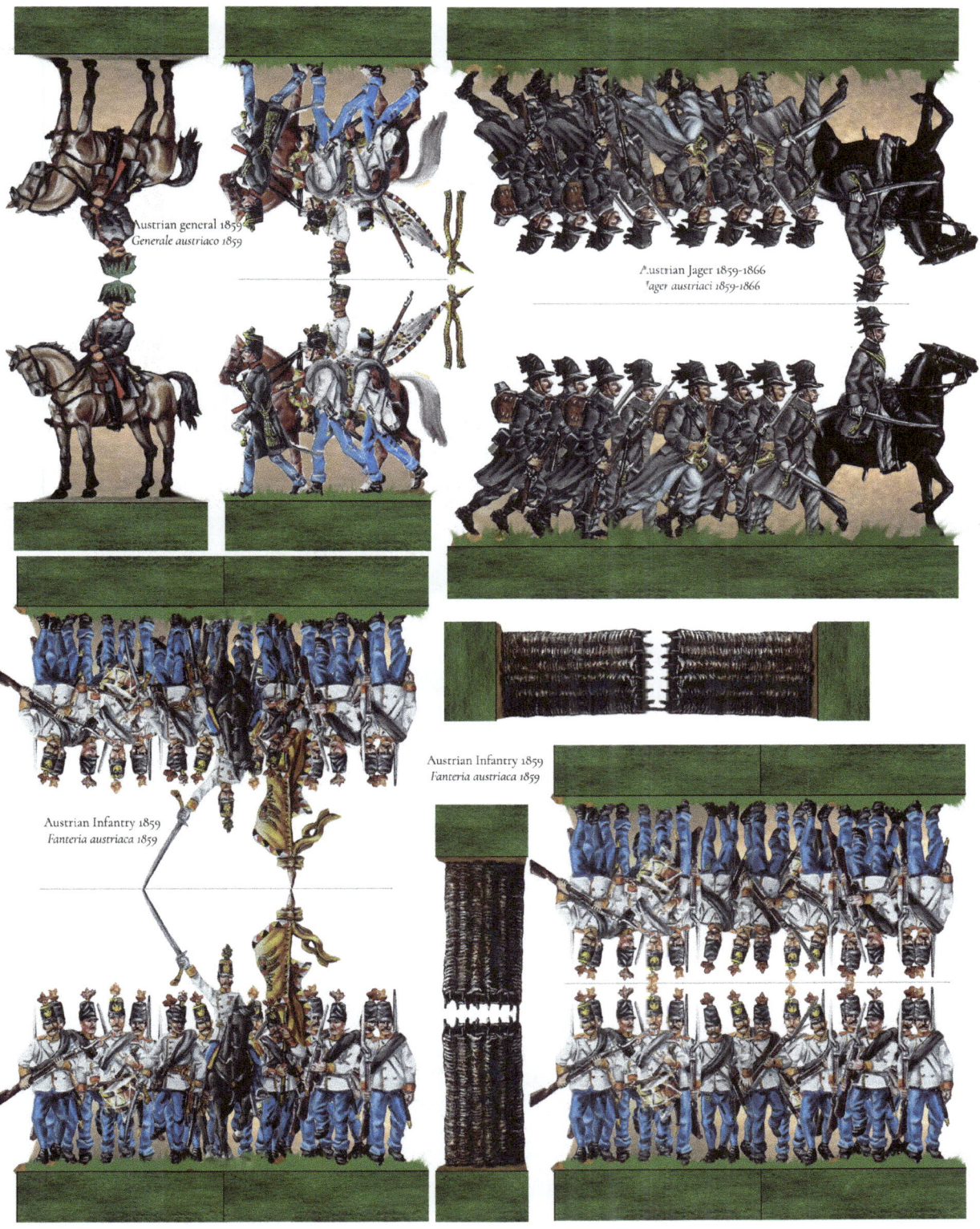

Austrian general 1859
Generale austriaco 1859

Austrian Jager 1859-1866
Jager austriaci 1859-1866

Austrian Infantry 1859
Fanteria austriaca 1859

Austrian Infantry 1859
Fanteria austriaca 1859

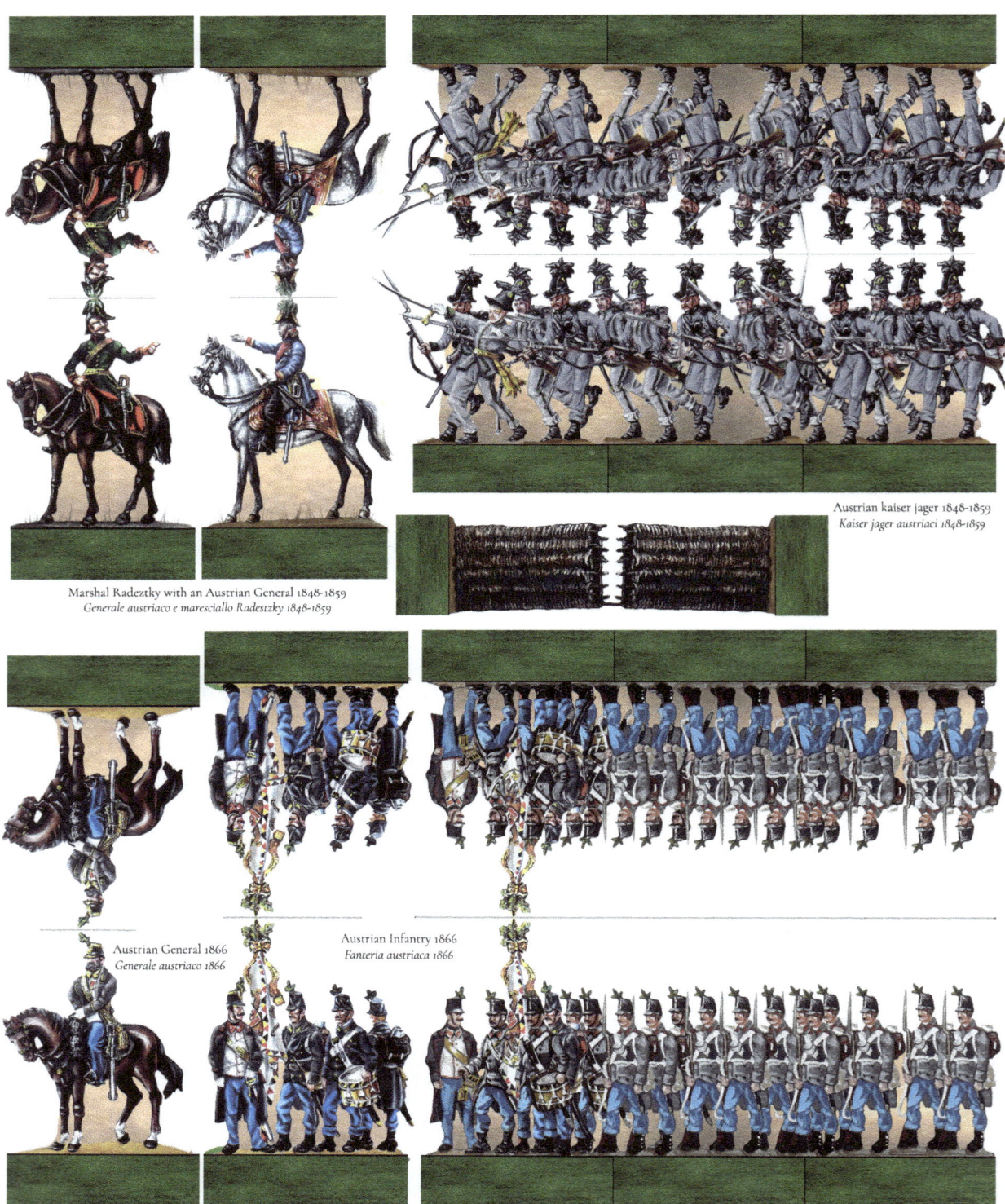

Marshal Radeztky with an Austrian General 1848-1859
Generale austriaco e maresciallo Radestzky 1848-1859

Austrian kaiser jager 1848-1859
Kaiser jager austriaci 1848-1859

Austrian General 1866
Generale austriaco 1866

Austrian Infantry 1866
Fanteria austriaca 1866

Austrian hulans 1866
Ulani austriaci 1866

Austrian hussars 1848-1866
Ussari austriaci 1848-1866

Austrian cuirassier 1848-1866
Corazzieri austriaci 1848-1866

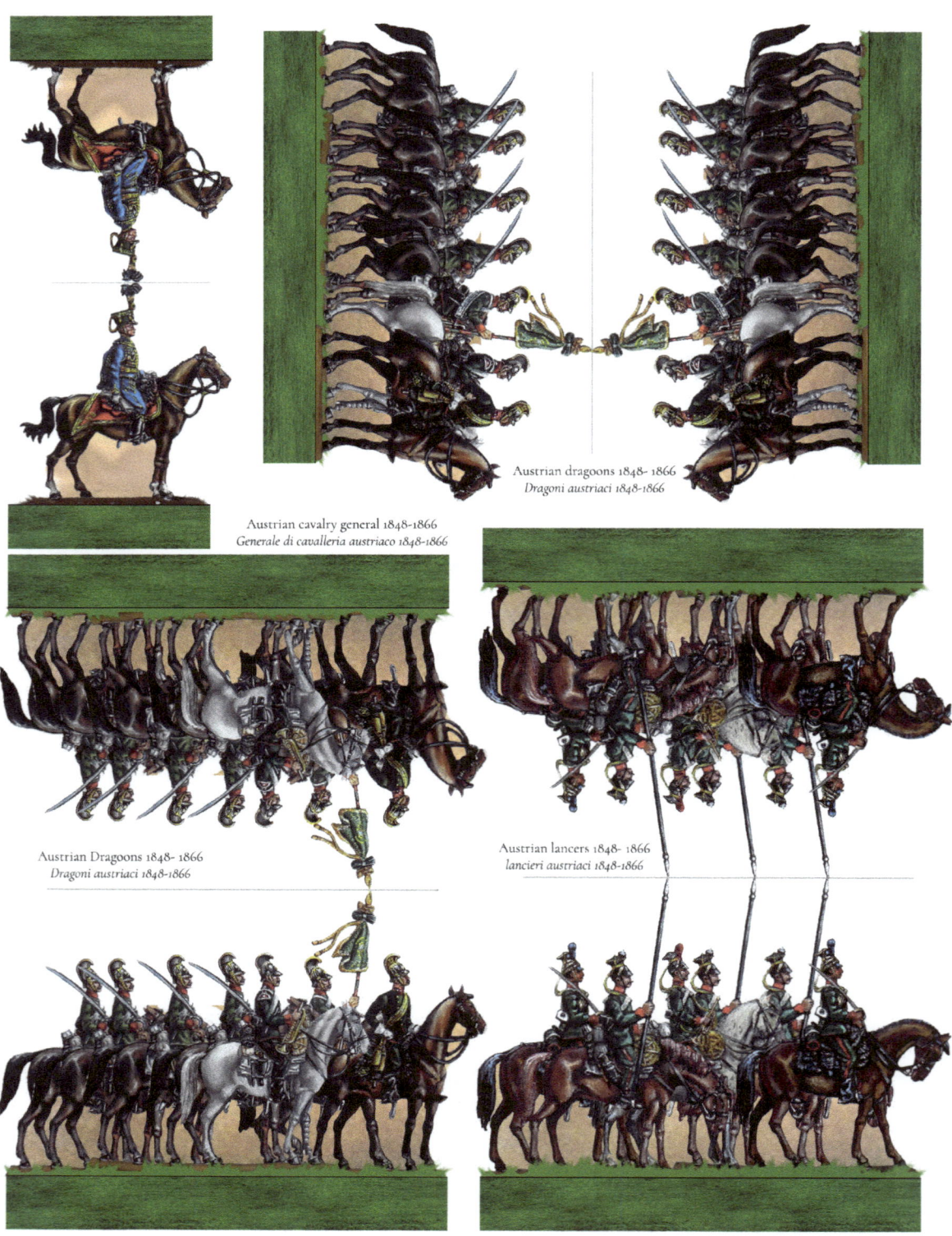

Austrian cavalry general 1848-1866
Generale di cavalleria austriaco 1848-1866

Austrian dragoons 1848- 1866
Dragoni austriaci 1848-1866

Austrian Dragoons 1848- 1866
Dragoni austriaci 1848-1866

Austrian lancers 1848- 1866
lancieri austriaci 1848-1866

Artillery gabion
Gabbione d'artiglieria

Austrian artillery crew 1848-1859
Soldati austriaci d'artiglieria 1848-1859

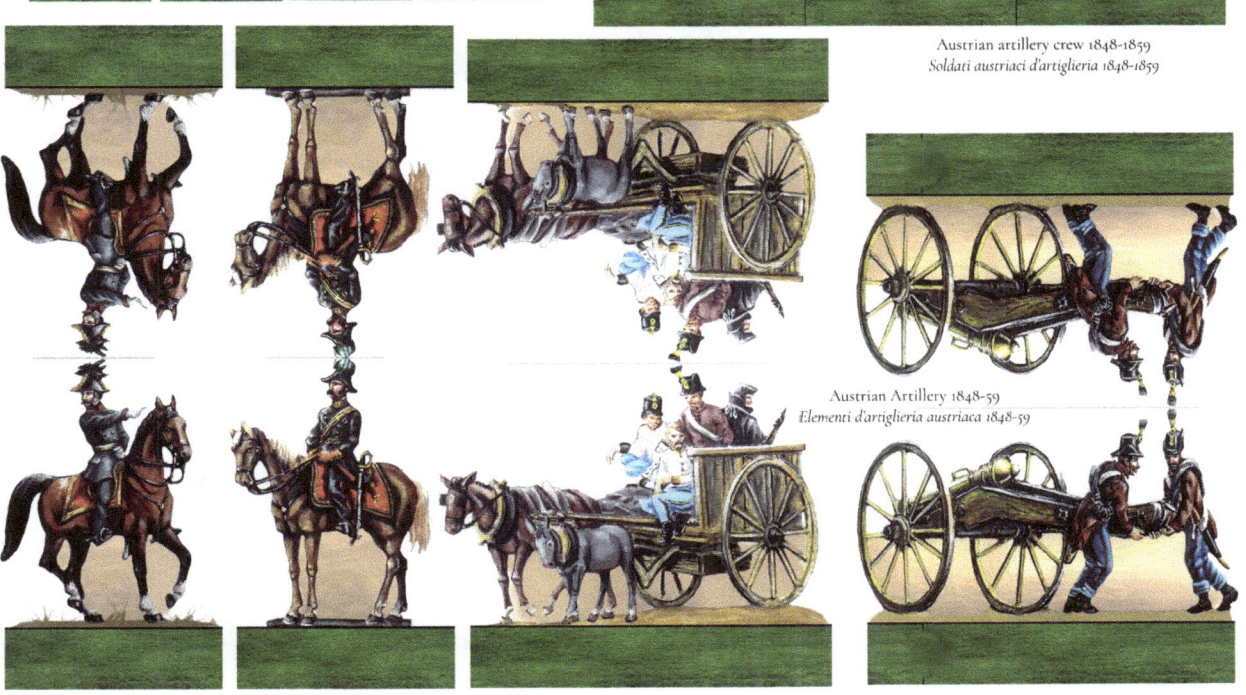

Austrian Artillery 1848-59
Elementi d'artiglieria austriaca 1848-59

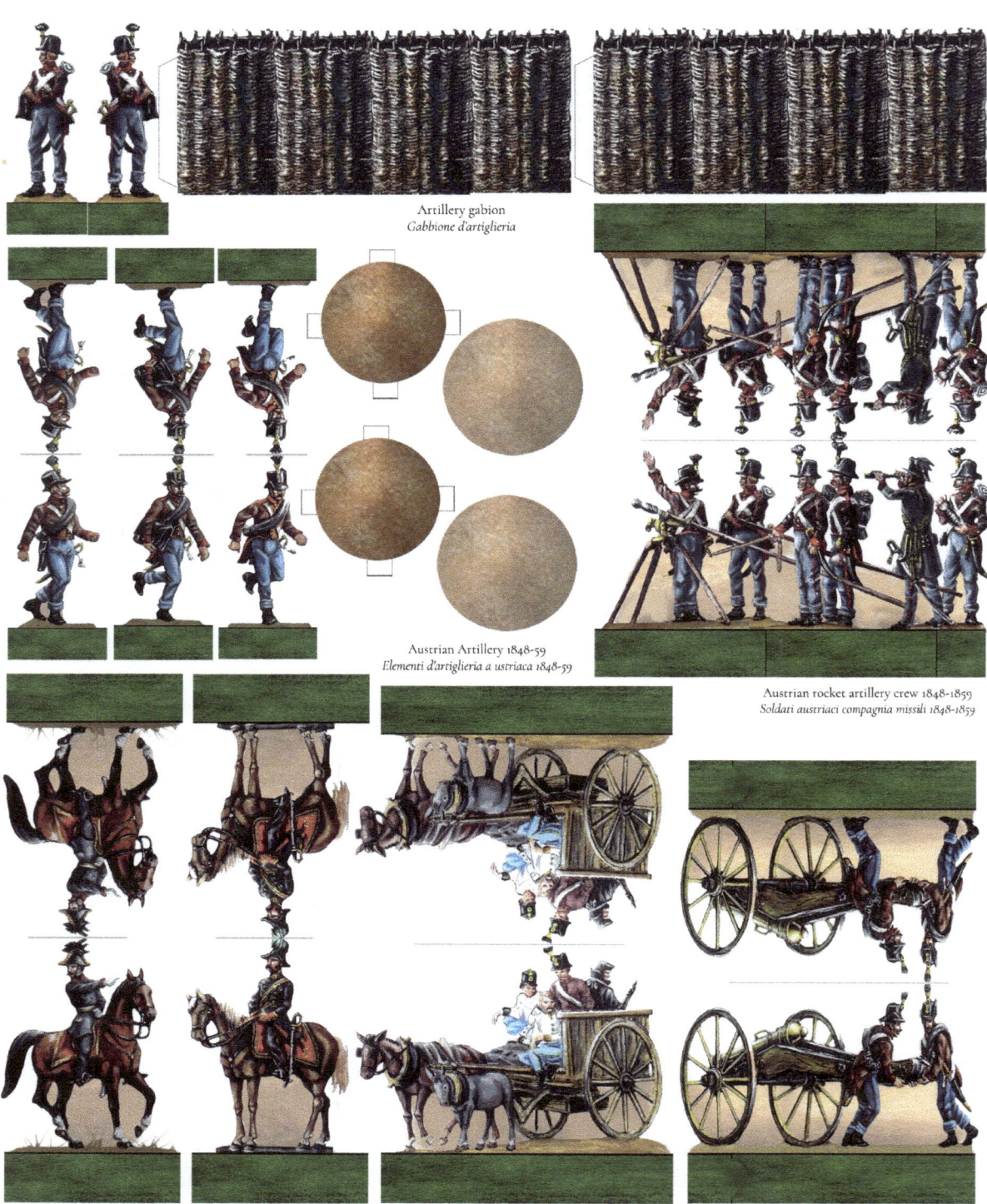

Artillery gabion
Gabbione d'artiglieria

Austrian Artillery 1848-59
Elementi d'artiglieria a ustriaca 1848-59

Austrian rocket artillery crew 1848-1859
Soldati austriaci compagnia missili 1848-1859

Artillery guns in the mid XIX century - Cannoni in uso durante il Risorgimento

Note to assembly - *Note di montaggio*

A-B Wheels and trail - *Ruote e affusti*
C-D Cannon cane & rump - *Cannone*
E-F-G Cannon barrel - *Parti del cannone*
H-K Gun & Wheel tyres - *Rinforzi metallici*
J Ammunition holder - *Porta munizioni*

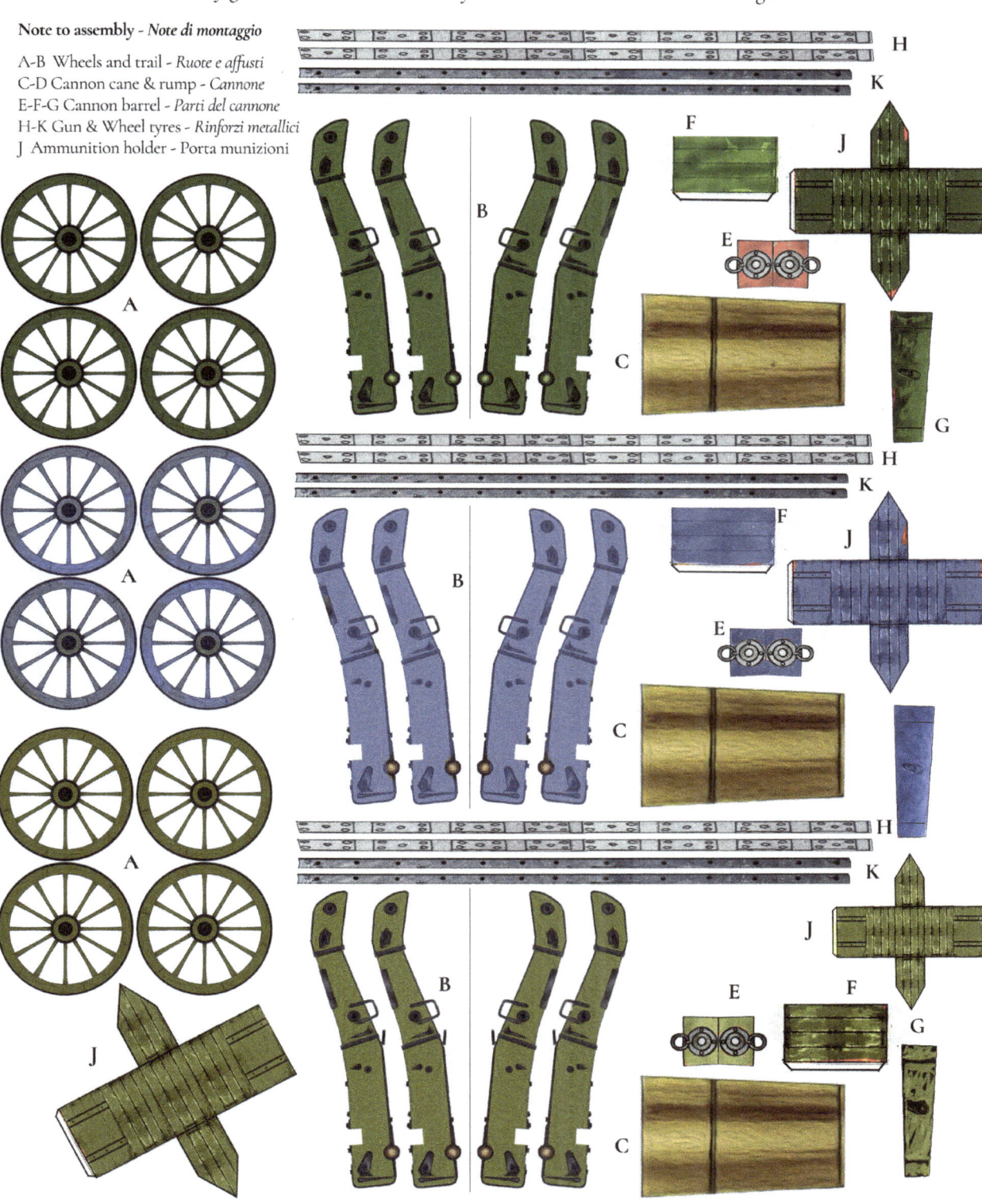

Italian insurrection of 1848
Rivoluzioni e moti del 1848

The five days of Milan 1848
Le 5 giornate di Milano 1848

Venice revolution, "Bandiera Moro" 1848
Bandiera Moro a Venezia 1848

XIX ARMY LIST AND COMMENTS
GLI ESERCITI DEL XIX SECOLO

THE AUSTRIAN IMPERIAL ARMY

Since the beginning of the Risorgimento era, the Imperial Army was massively involved in the history of Italy. It victoriously led the campaign in Italy against Piedmont in 1848-49 (the first Italian war of independence), in which it defeated the forces of the Kingdom of Sardinia at Novara. In 1859 he was engaged during the second war of independence, which saw him defeated by the French-Piedmontese allies. The last campaign was the one of 1866 (third War of Independence) in which he blocked the offensive of the newborn Royal Italian Army in Custoza but was in turn defeated by the Prussian army in Sadowa, forcing Austria to surrender the Veneto to the Kingdom of Italy.

The defeat against Prussia caused a sharp trauma in Austrian society and public opinion, and in particular in Habsburg military circles, who realized how much the Empire's proud armed forces had lagged behind the most recent Prussian and French military innovations.

The Dreyse retro-loading rifles of the Prussians and their excellent steel artillery had definitively condemned the muzzle-loading weapons and bronze cannons of the Austrians to the museum.

The Austrian Imperial Army had always been well trained and organized, and had one of the most professional officers corps in the world, but modern weapons and new tactics were also needed: a special military commission therefore undertook deep reforms, beginning with the abolition of the absurd white uniforms, dating back to the 18th century and which had always been a feature of the Austrian army, with less conspicuous blue uniforms. Shortly afterwards (1868) the Lorenz mod. 1854 rifles were also sent to the depots. Although recently adopted, they were conceptually outdated and replaced with the Werndl mod. 67 retroloaded rifle.

THE SARDINIAN ARMY

The Kingdom of Sardinia was traditionally a fierce nation. For decades it had to make its way between the interests of France, Spain and then Austria. Closed to the west by the Alps, it had always had the desire to expand its borders towards the Po Valley.

It was a monarchic state whose reigning dynasty was linked to the absolutist principles and the enemy of any movement operating in a democratic and liberal sense, as demonstrated by the strong restorative action it carried out in the aftermath of the Congress of Vienna when its dominion over the territories taken from it by Napoleon

L'ESERCITO IMPERIALE AUSTRIACO

Fin dall'inizio dell'epopea risorgimentale l'Esercito imperiale venne massicciamente coinvolto nella storia d'Italia. Condusse vittorioso la campagna in Italia contro il Piemonte del 1848-49 (prima guerra d'indipendenza italiana), in cui sconfisse le forze del Regno di Sardegna a Novara. Nel 1859 fu impegnato durante la seconda guerra d'indipendenza, che lo vide sconfitto dagli alleati Franco-Piemontesi. L'ultima campagna fu quella del 1866 (terza guerra d'indipendenza) nella quale bloccò a Custoza l'offensiva del neonato Regio Esercito italiano ma venne a sua volta battuto dall'esercito prussiano a Sadowa, costringendo così l'Austria a cedere il Veneto al Regno d'Italia.

La sconfitta contro la Prussia causò un vivo trauma nella società e nell'opinione pubblica austriaca, ed in particolare negli ambienti militari asburgici, che si resero conto di quanto le orgogliose forze armate dell'Impero fossero rimaste arretrate tecnologicamente rispetto alle più recenti innovazioni militari prussiane e francesi. I fucili Dreyse a retrocarica dei prussiani e la loro eccellente artiglieria in acciaio avevano definitivamente condannato al museo le armi ad avancarica e i cannoni di bronzo degli austriaci. L'esercito imperiale austriaco era sempre stato ottimamente addestrato e organizzato, e aveva un Corpo ufficiali tra i più professionali del mondo, ma occorrevano anche armi moderne e tattiche nuove: un'apposita commissione militare intraprese perciò delle profonde riforme, cominciando con l'abolire le assurde uniformi bianche, risalenti al '700 e che erano sempre state una caratteristica dell'esercito austriaco, con delle meno appariscenti uniformi blu. Poco dopo (1868) vennero anche spediti ai depositi i fucili Lorenz mod. 1854 che, pur essendo di recente adozione, erano concettualmente superati, e sostituiti con il fucile Werndl mod. 67 a retrocarica.

L'ESERCITO PIEMONTESE

Il Regno di Sardegna era tradizionalmente una nazione agguerrita. Per decenni aveva dovuto farsi spazio tra gli interessi della Francia, della Spagna e poi dell'Austria. Chiusa a occidente dall'arco alpino aveva sempre avuto il desiderio di espandere i propri confini verso la pianura padana.

Era uno stato monarchico la cui casata regnante era legata ai principi assolutistici e nemica di ogni movimento che operasse in senso democratico e liberale, come sta a dimostrare la forte azione restauratrice che questa portò avanti all'indomani del congresso di Vienna quando venne

was re-established, at the same time becoming a sort of Austrian sentry on the western borders of northern Italy. His army was the natural result of this political conservatism. It was in the hands of a class of general officers all from the aristocracy and faithful to the crown, but little inclined to worry about its structural, doctrinal and technical renewal.

It was organized in bodies far too large, but ready to be used only in short-term conflicts, based on mass clashes that followed the rigid rules of the ancien regime.

Basically, however, the army remained the main element to be used for the maintenance of the internal political "status quo". A sort of enormous "gendarmerie".

THE FRENCH ARMY

The French Imperial Army rose from the ashes of Napoleon's army. The blood bond between Napoleon III and Napoleon was a factor not only of kinship but also of spirit in the army.

From 1852 to 1871 the French Imperial Army operated on the bases laid in the military during the Restoration and the July Monarchy. Every citizen, physically fit, was obliged to do military service; the call was annual and the required revenue of the contingent was about 100,000 men.

In case of war the contingent could be increased to 140,000 men and the call of conscription could be brought forward to 19 years.

France was able in the mid-nineteenth century to deploy an army of about 640,000 soldiers in wartime, while in peacetime the army consisted of 400,000 units. From the soldiers to the marshal of France, all the men who made up the army were professionals, particularly by virtue of the length of time they served.

Although the conditions of command were not excellent, the individual men often showed a great deal of courage in attacking and defending against the enemy.

The equipment of an infantry officer corresponded to four months' pay as a lieutenant. The average soldier was paid less than the workers in Paris, and rising in rank was difficult. If married, it was almost impossible to survive without a second job.

The Imperial Guard (Garde impériale) was created in 1854 as an army corps consisting of two infantry divisions and one cavalry division formed after the Crimean War. From February 4, 1868, the Niel Law introduced an extension of the active part of the fixed fixed armament to 5 years.

---

ristabilito il suo dominio sui territori sottrattigli ad opera di Napoleone, diventando al tempo stesso una sorta di sentinella austriaca posta ai confini occidentali dell'Italia del nord. Il suo esercito era il naturale risultato di questo conservatorismo politico. Era in mano ad una classe di ufficiali generali tutti provenienti dall'aristocrazia e fedeli alla corona, ma poco inclini a preoccuparsi del suo rinnovamento strutturale, dottrinale e tecnico. Era organizzato in corpi fin troppo grandi, ma pronti per essere utilizzati solo in conflitti di breve durata, basati su scontri di massa che seguivano le rigide regole degli schemi dell'"ancien regime". Fondamentalmente l'esercito rimaneva però l'elemento principale da utilizzare per il mantenimento dello "status quo" politico interno. Una specie di enorme "gendarmeria".

L'ESERCITO FRANCESE

L'esercito imperiale francese sorse sulle ceneri dell'esercito napoleonico Il legame di sangue che stringeva Napoleone III con Napoleone era un fattore non solo di parentela, ma anche di spirito nell'esercito. Dal 1852 al 1871 l'esercito imperiale francese operò sulle basi gettate in ambito militare durante la restaurazione e la monarchia di luglio. Ogni cittadino, idoneo fisicamente era obbligato al servizio militare; la chiamata era annuale e il gettito richiesto del contingente era di circa 100.000 uomini. In caso di guerra il contingente poteva essere aumentato a 140.000 uomini e la chiamata di leva poteva essere anticipata ai 19 anni. La Francia era in grado a metà Ottocento di schierare un esercito di circa 640.000 soldati in tempo di guerra, mentre in tempo di pace l'esercito constava di 400.000 unità. Dal soldato al maresciallo di Francia, tutti gli uomini che componevano l'esercito erano professionisti, in virtù in particolar modo della lunghezza del periodo nel quale prestavano servizio. Malgrado le condizioni di comando non fossero eccelse, i singoli uomini dimostrarono sovente molto coraggio nell'intraprendere azioni di attacco e di difesa a danni del nemico. L 'equipaggiamento di un ufficiale di fanteria corrispondeva a quattro mesi di paga da sottotenente. I soldati di media venivano pagati meno dei lavoratori di Parigi e aumentare di grado era difficile. Se sposati poi era quasi impossibile sopravvivere senza un secondo lavoro.

La Guardia Imperiale (Garde impériale) venne creata nel 1854 come un corpo d'armata composto da due divisioni di fanteria e da una di cavalleria formate dopo la Guerra di Crimea. Dal 4 febbraio 1868 la legge Niel introdusse un prolungamento della parte attiva della ferma prefissata, portandolo a 5 anni.

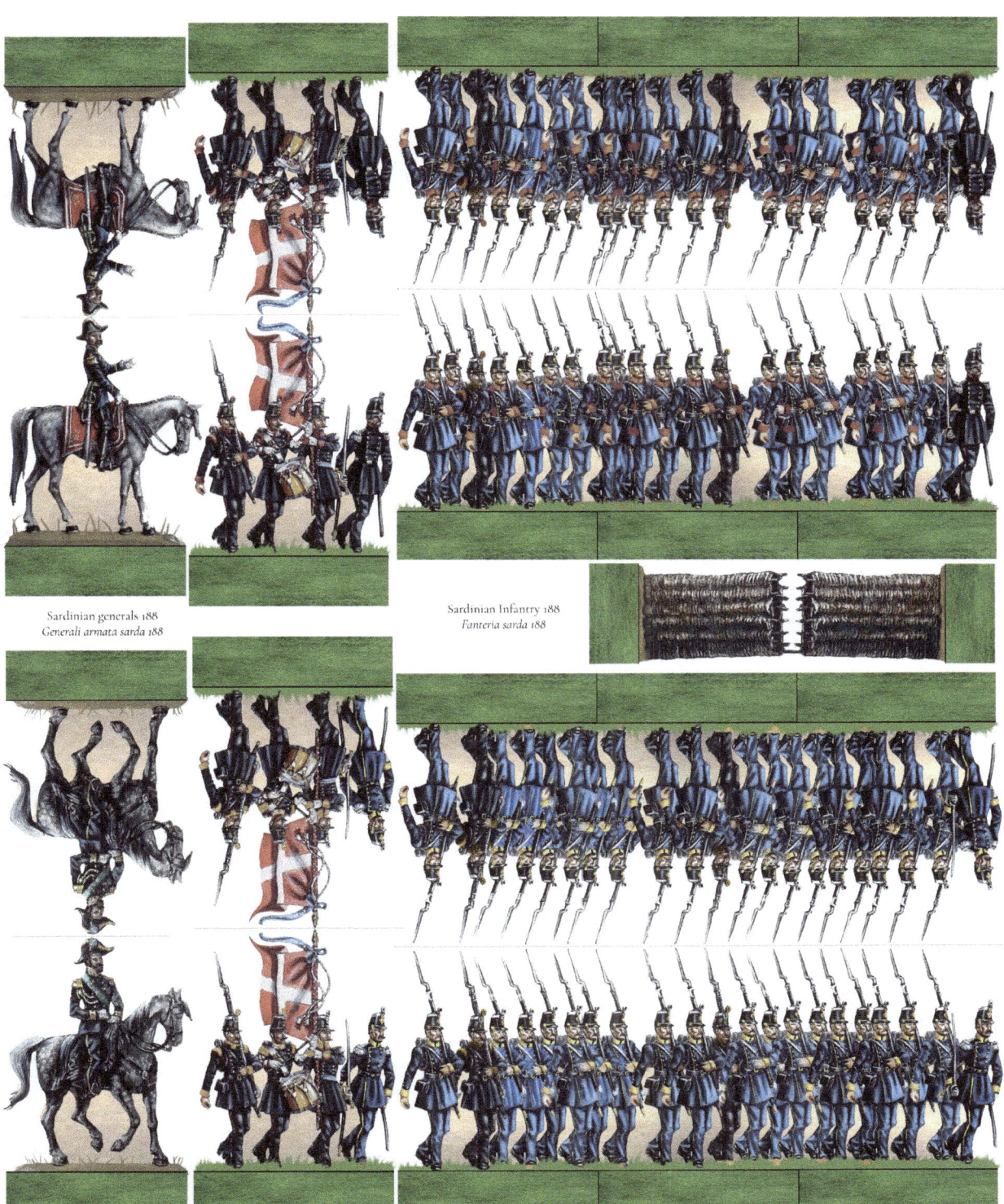

Sardinian generals 188
Generali armata sarda 188

Sardinian Infantry 188
Fanteria sarda 188

Sardinian Infantry 1859
Fanteria sarda 1859

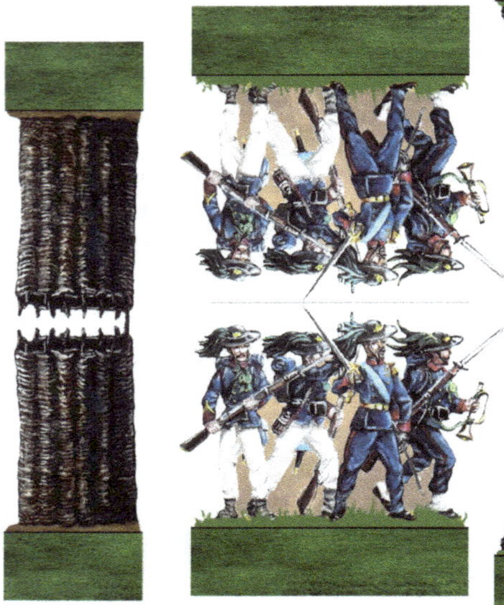

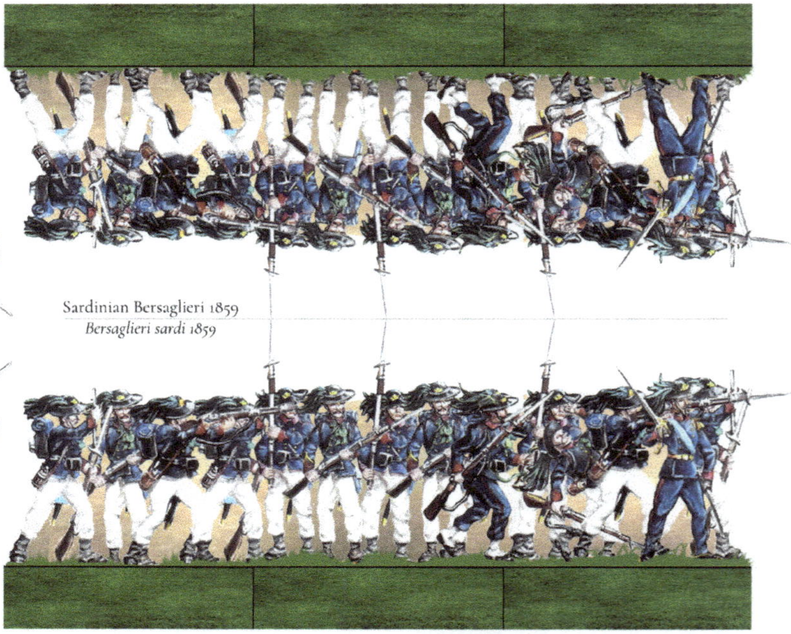

Sardinian Bersaglieri 1859
Bersaglieri sardi 1859

Sardinian Bersaglieri 1848
Bersaglieri sardi 1848

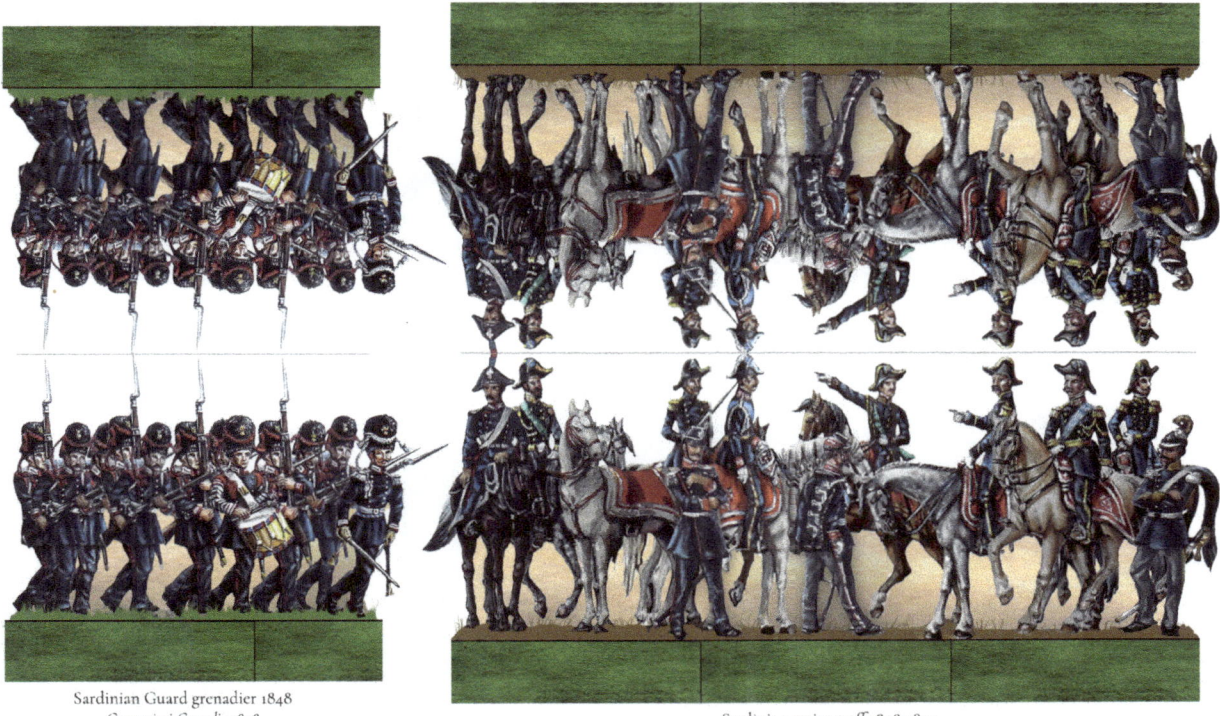

Sardinian Guard grenadier 1848
Granatieri Guardie 1848

Sardinian major staff 1848-1859
Stato maggiore dell'esercito sardo 1848-1859

Sardinian Guard grenadier 1848
Granatieri Guardie 1848

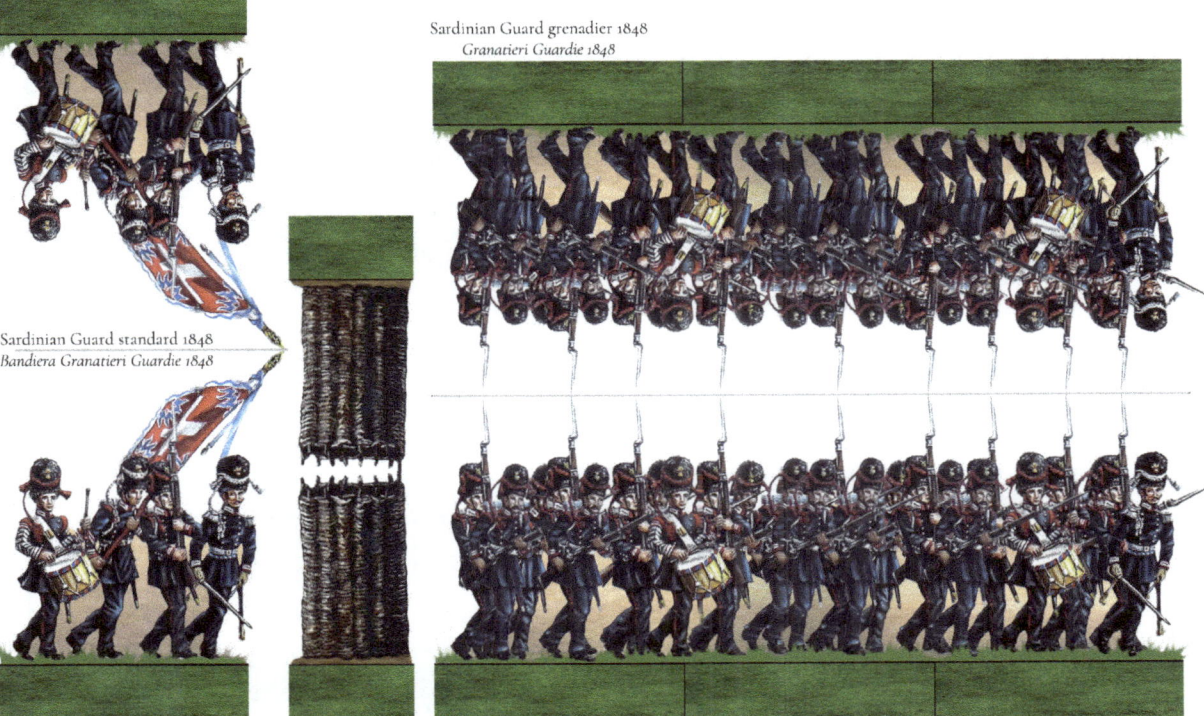

Sardinian Guard standard 1848
Bandiera Granatieri Guardie 1848

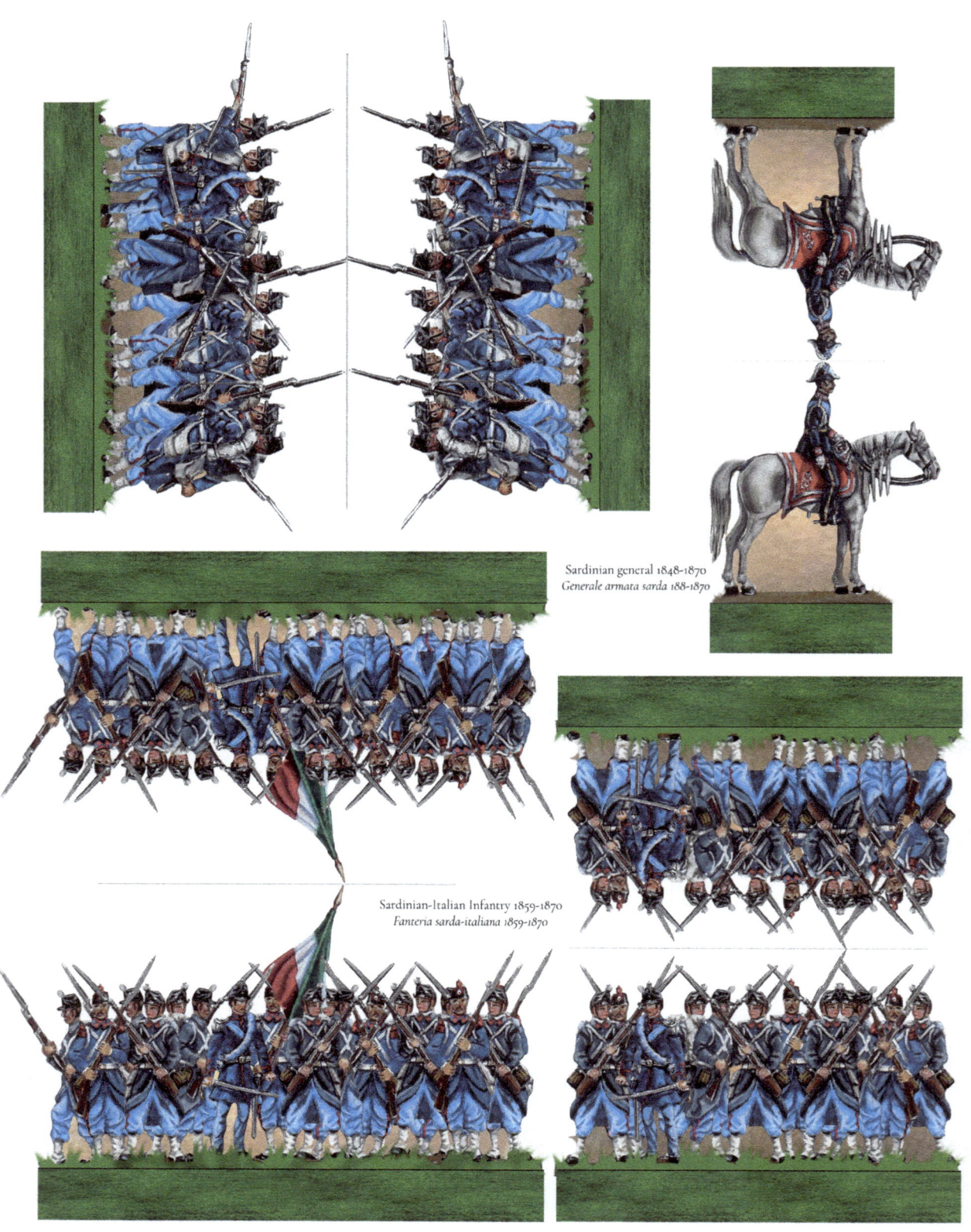

Sardinian general 1848-1870
Generale armata sarda 188-1870

Sardinian-Italian Infantry 1859-1870
Fanteria sarda-italiana 1859-1870

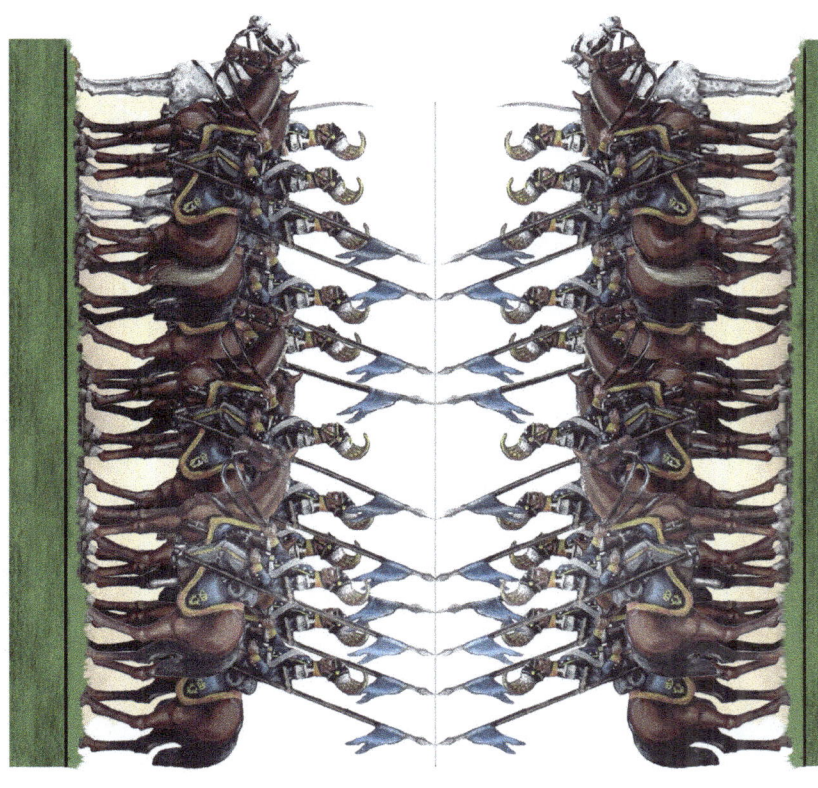

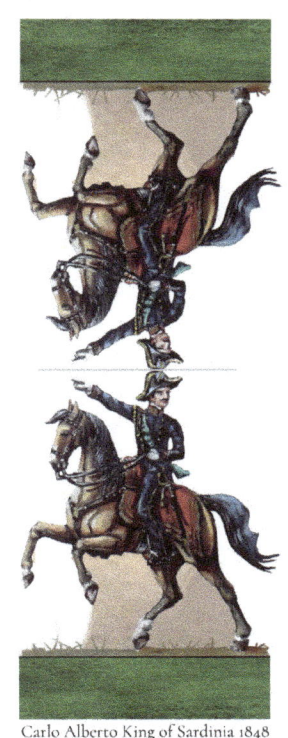

Carlo Alberto King of Sardinia 1848
Carlo Alberto re di Sardegna 1848

Sardinian/Italian carabineers 1848-1866
carabinieri sardi e poi italiani 1848-1866

Sardinian/Italian cavalry 1848-1866
Cavalleria sarda e poi italiana 1848-1866

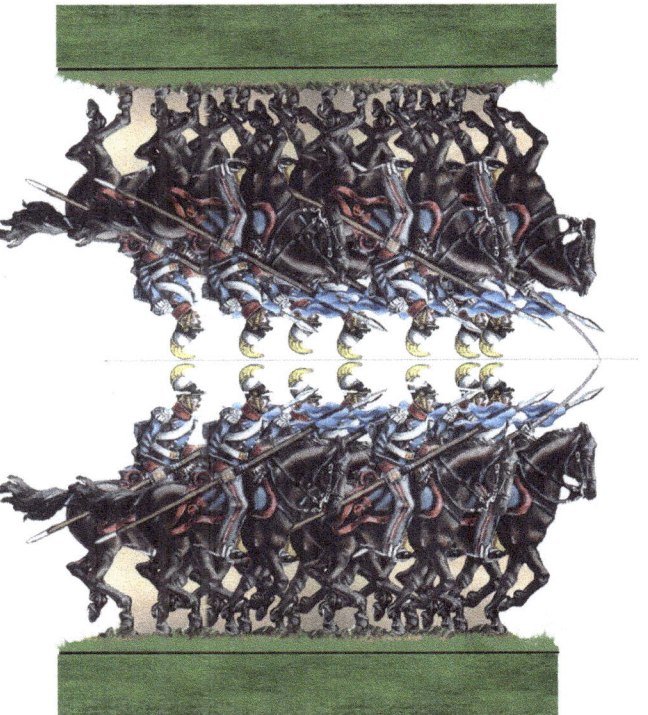

Vignale armistice diorama 1849
Diorama dell'armistizio di Vignale 1848

Austrian guard of Radetzky 1849
Guardia di Radetzky 1849

Austrian Staff of Radetzky 1849
Stato maggiore di Radestzky 1849

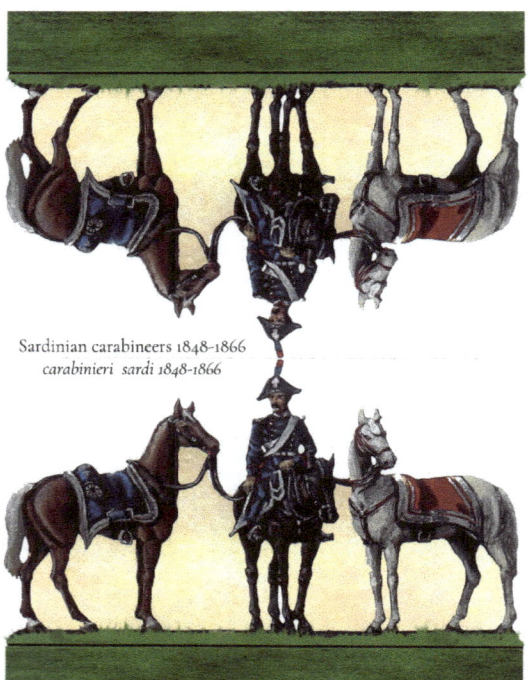

Sardinian carabineers 1848-1866
carabinieri sardi 1848-1866

Sardinianstaff at Vignale 1849
Stato maggiore sardo 1849

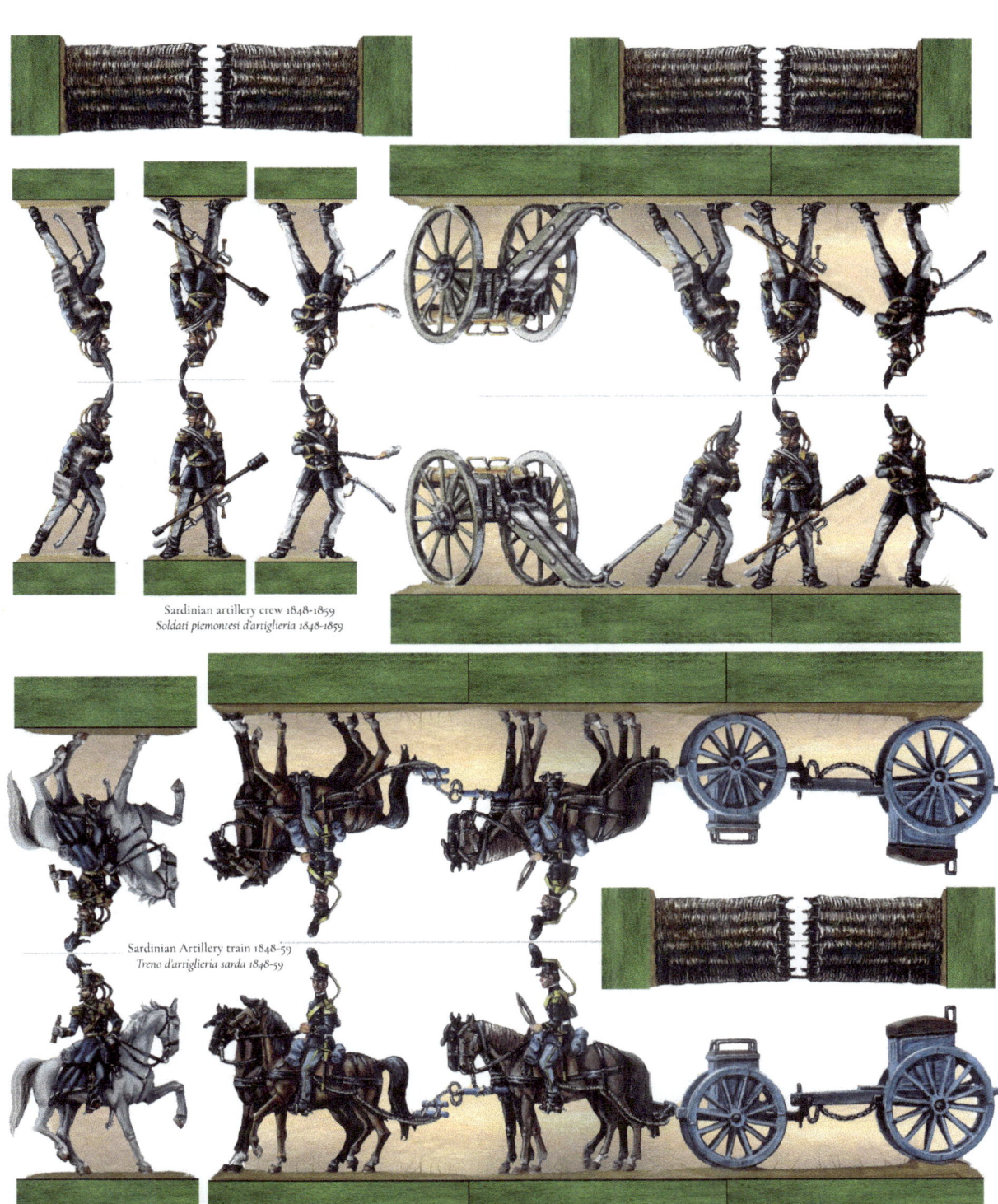

Sardinian artillery crew 1848-1859
Soldati piemontesi d'artiglieria 1848-1859

Sardinian Artillery train 1848-59
Treno d'artiglieria sarda 1848-59

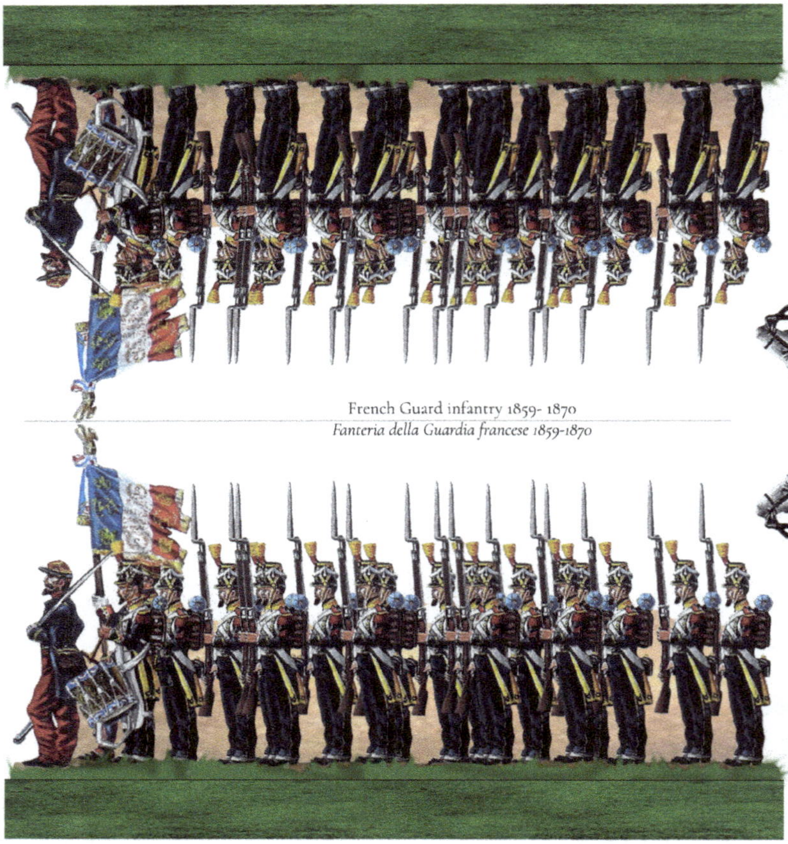

French Guard infantry 1859- 1870
Fanteria della Guardia francese 1859-1870

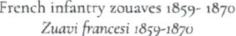

French infantry generals 1859- 1870
Comandanti fanteria francese 1859-1870

French infantry zouaves 1859- 1870
Zuavi francesi 1859-1870

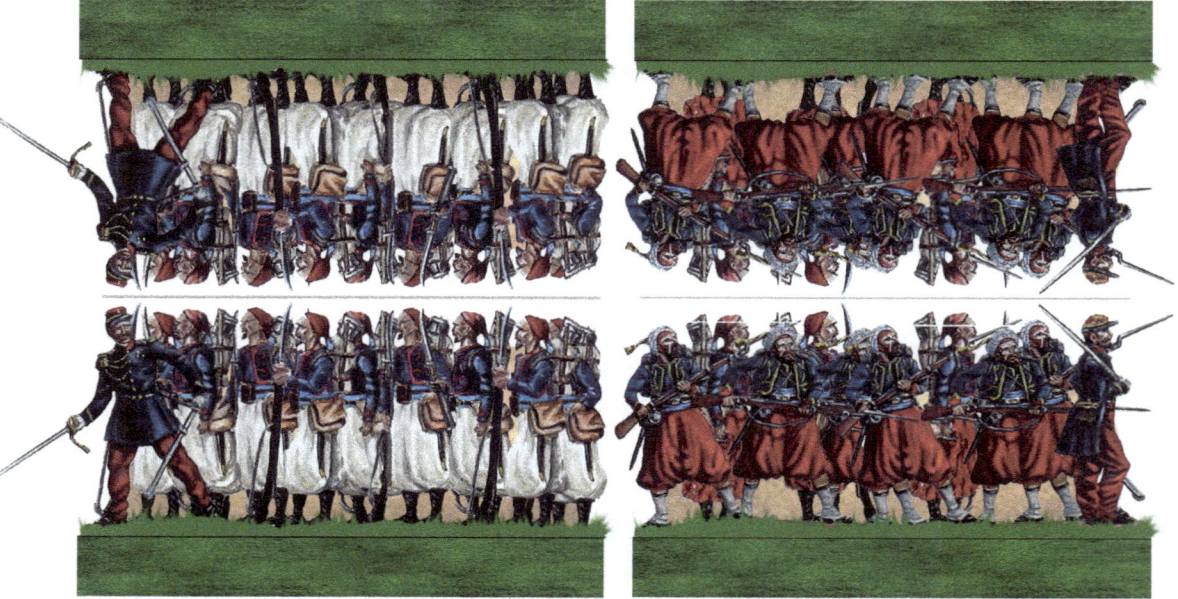

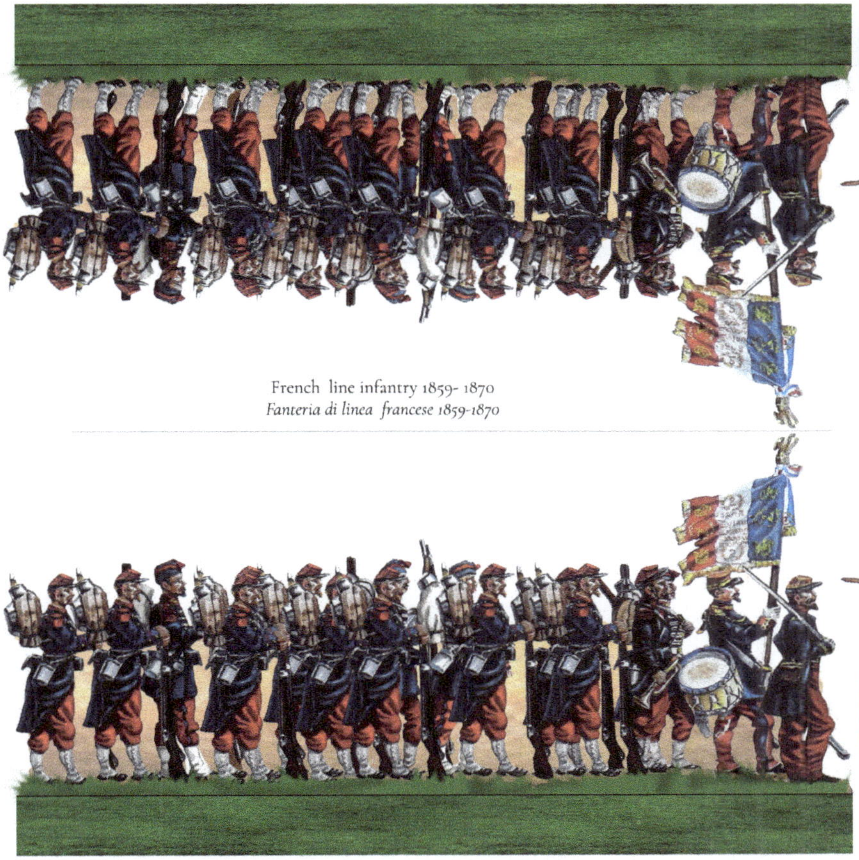

French line infantry 1859- 1870
Fanteria di linea francese 1859-1870

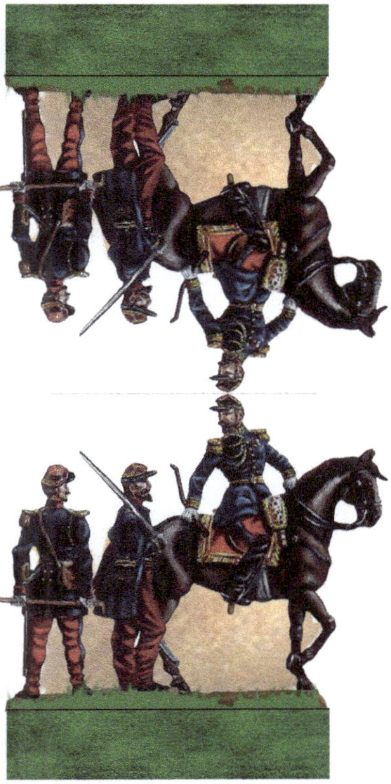

French infantry officers 1859- 1870
Ufficiali fanteria francese 1859-1870

French generals 1859- 1870
Generali francesi 1859-1870

Napoleon III
Napoleone III

Canrobert
Canrobert

Mac Mahon
Mac Mahon

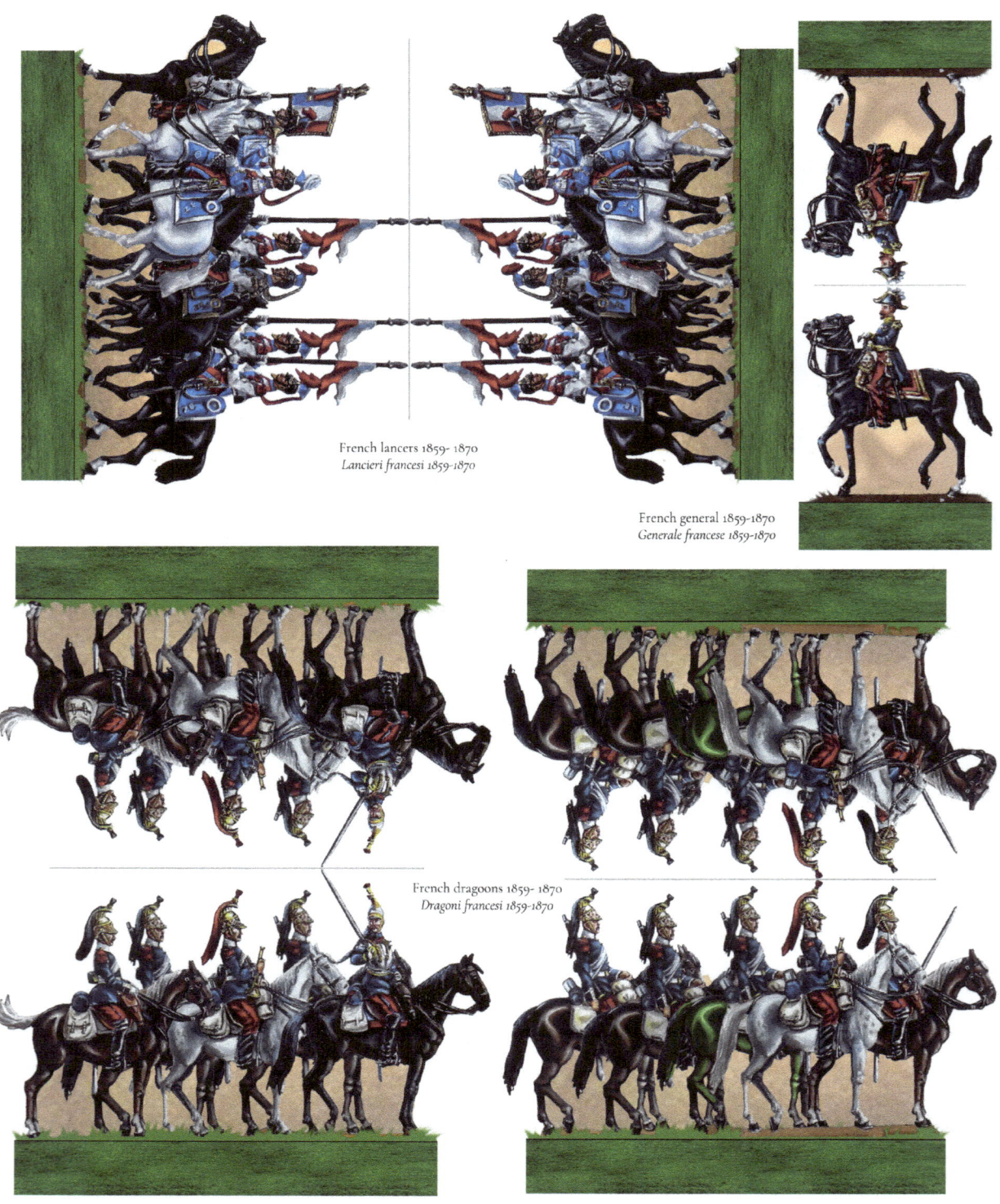

French lancers 1859- 1870
Lancieri francesi 1859-1870

French general 1859-1870
Generale francese 1859-1870

French dragoons 1859- 1870
Dragoni francesi 1859-1870

French chasseurs d'Afrique 1859- 1870
Cacciatori d'Africa 1859-1870

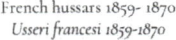

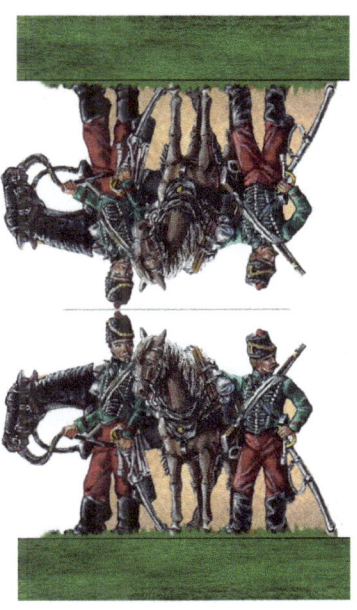

French hussars 1859- 1870
Usseri francesi 1859-1870

French Chasseur 1859- 1870
Cacciatori a cavallo francesi 1859-1870

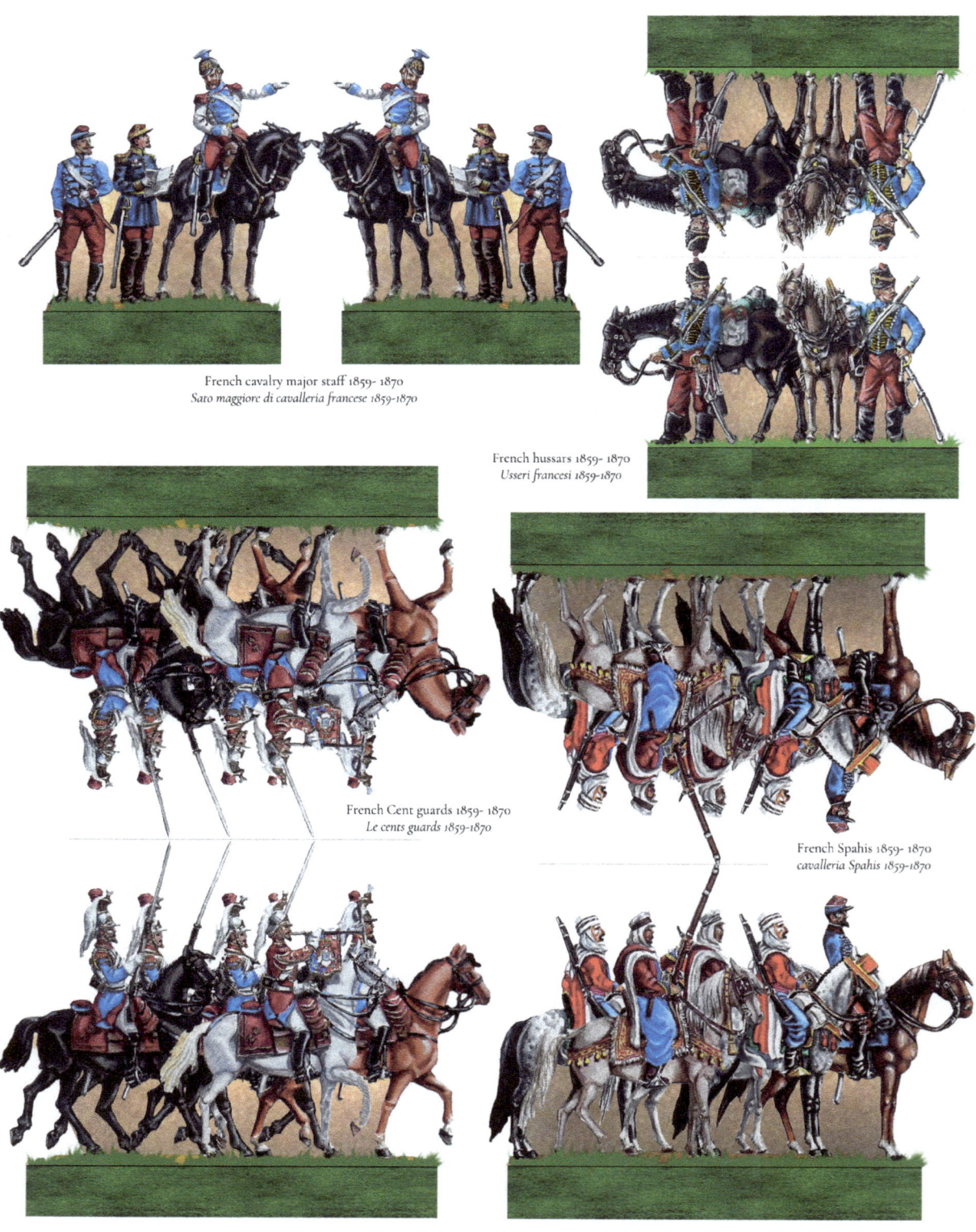

French cavalry major staff 1859- 1870
Sato maggiore di cavalleria francese 1859-1870

French hussars 1859- 1870
Usseri francesi 1859-1870

French Cent guards 1859- 1870
Le cents guards 1859-1870

French Spahis 1859- 1870
cavalleria Spahis 1859-1870

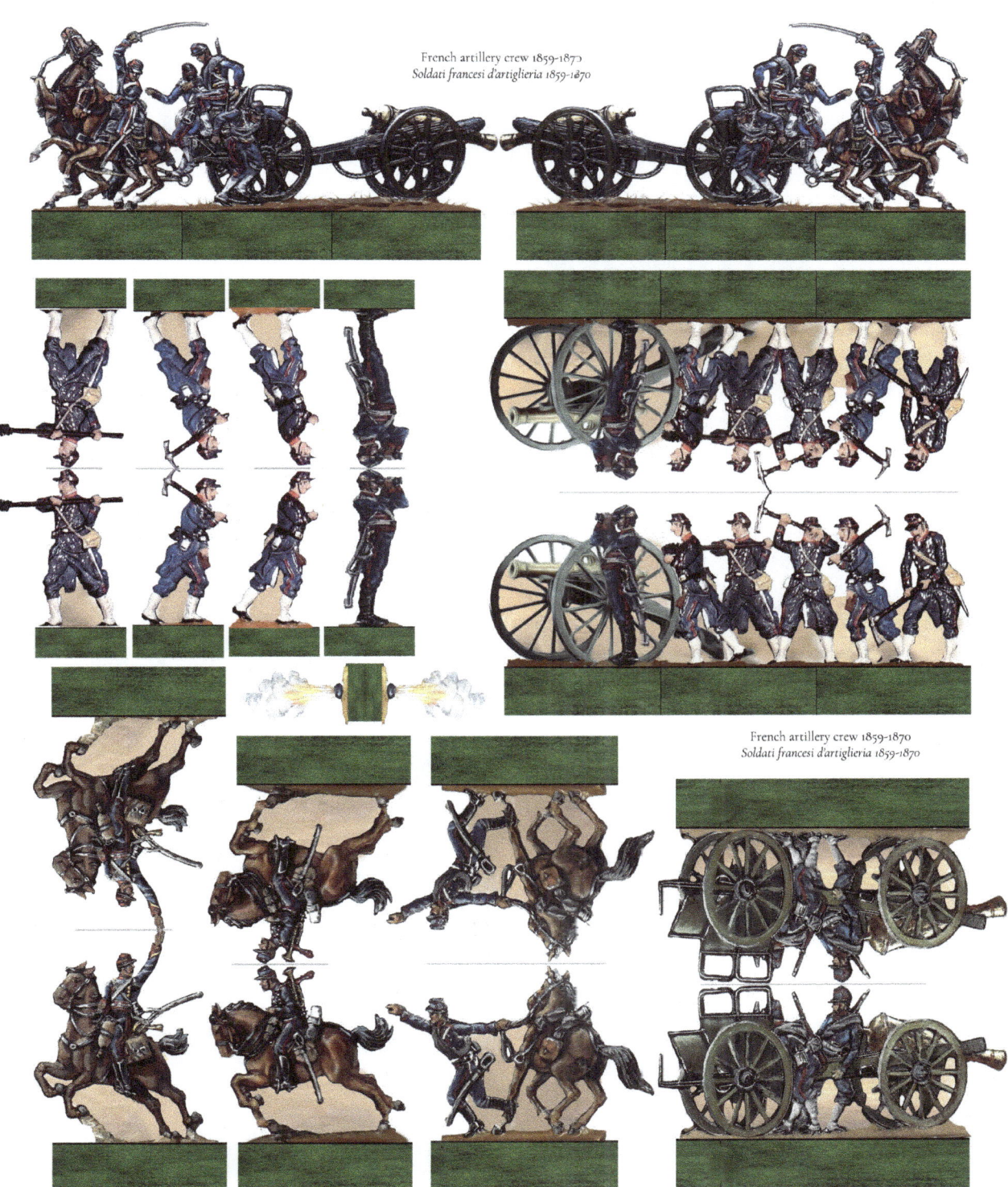

French artillery crew 1859-1870
Soldati francesi d'artiglieria 1859-1870

French artillery crew 1859-1870
Soldati francesi d'artiglieria 1859-1870

Garibaldi's Army 1860-1870
Esercito garibaldino 1860-1870

Giuseppe Garibaldi 1860-1870

Garibaldi's troopers 1860-1870
Soldati garibaldini 1860-1870

Garibaldinian staff 1860
Comandi garibaldini 1860

Garibaldi's troopers 1860
Soldati garibaldini - camicie rosse 1860

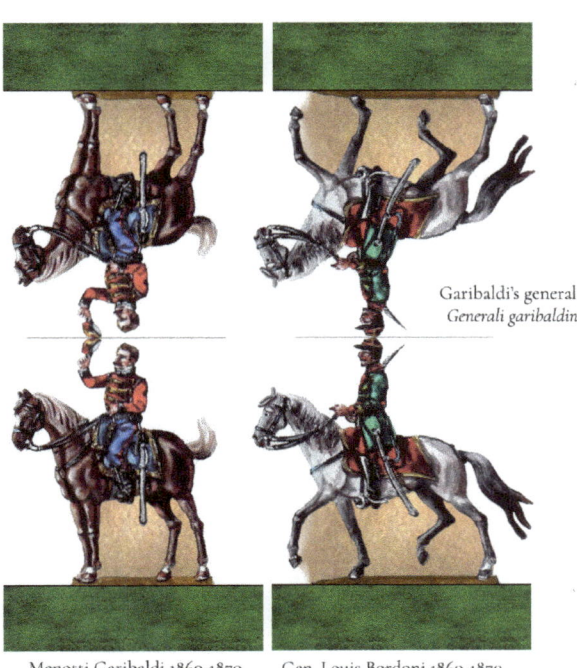

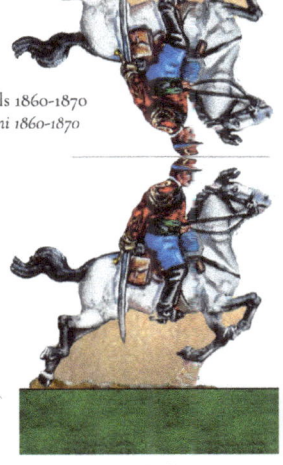

Garibaldi's generals 1860-1870
Generali garibaldini 1860-1870

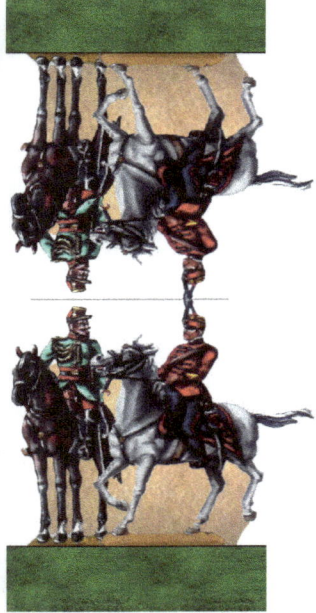

Menotti Garibaldi 1860-1870   Gen. Louis Bordoni 1860-1870   Ricciotti Garibaldi 1860-1870   Canzio e Francesco Nullo 1860-1870

Neapolitan Guard infantry 1860-1870
Fanteria della Guardia napoletana 1860-1870

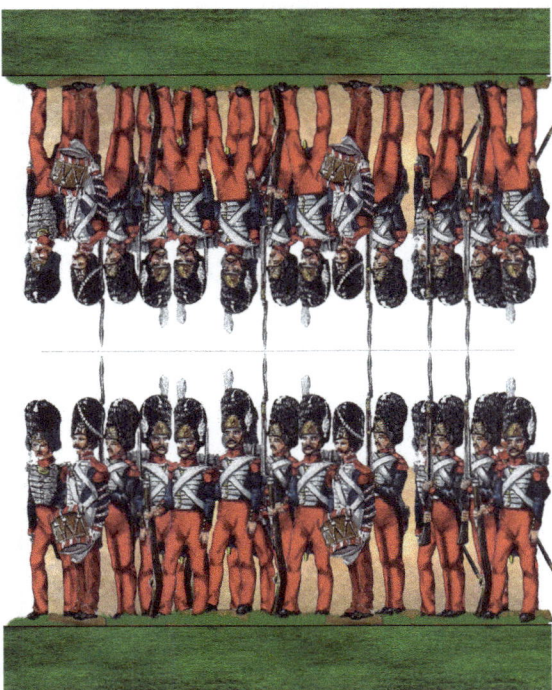

Garibaldi's tropper 1848-1860
Garibaldini dei mille 1848-1860

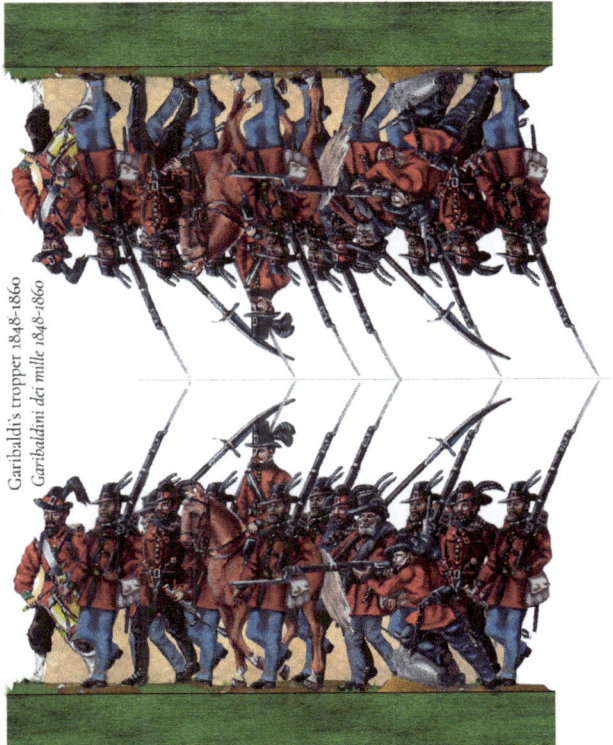

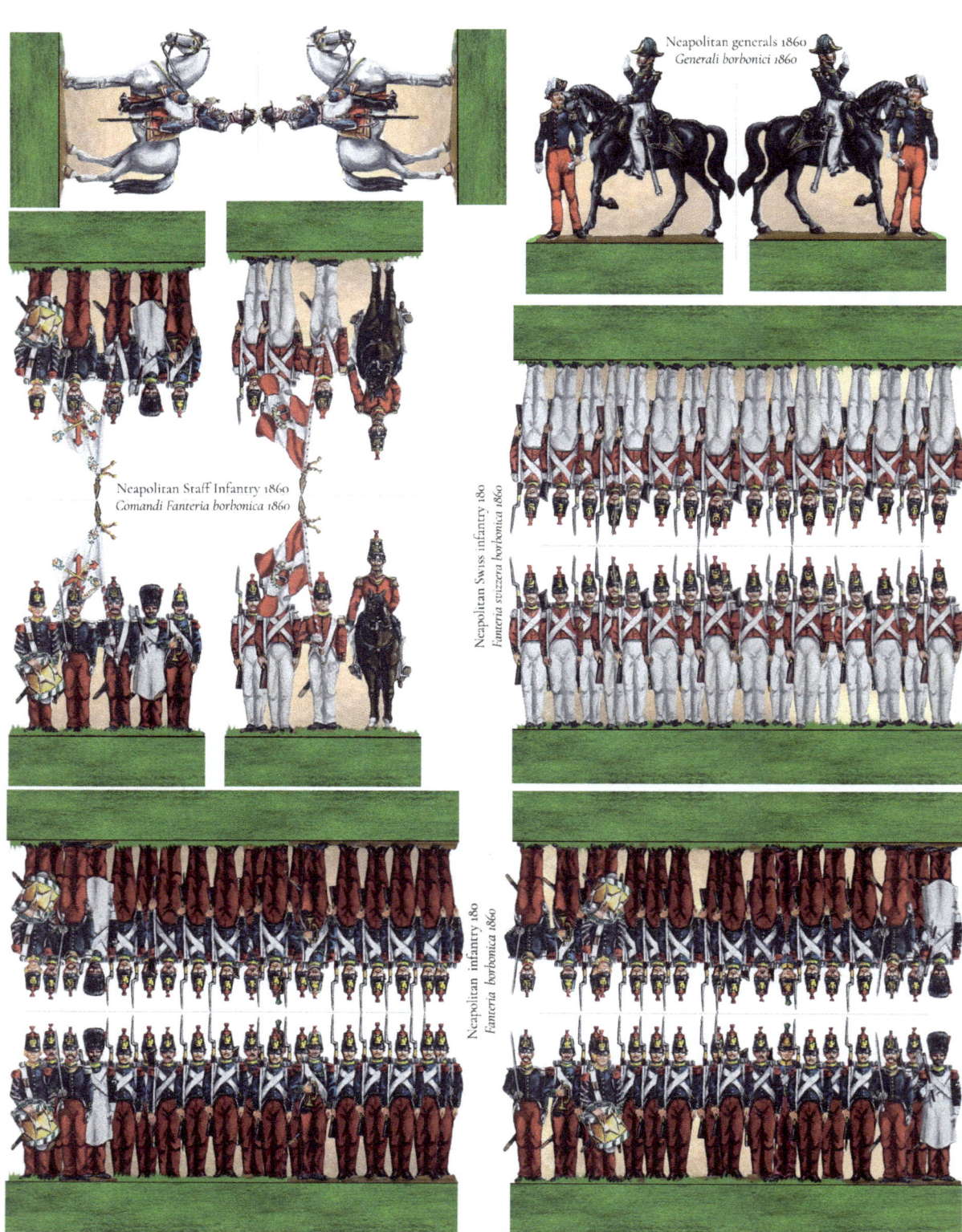

Neapolitan generals 1860
Generali borbonici 1860

Neapolitan Staff Infantry 1860
Comandi Fanteria borbonica 1860

Neapolitan Swiss infantry 180
Fanteria suizzera borbonica 1860

Neapolitan infantry 180
Fanteria borbonica 1860

38

Neapolitan cavalry & infantry 1860-1870
Fanteria cavalleria napoletana 1860-1870

Neapolitan Guard infantry 1860-1870
Fanteria della Guardia napoletana 1860-1870

Cavalry Neapolitan lancers 1860-1870
Lancieri Regno di Napoli 1860-1870

Cavalry Neapolitan dragoons 1860-1870
Dragoni Regno di Napoli 1860-1870

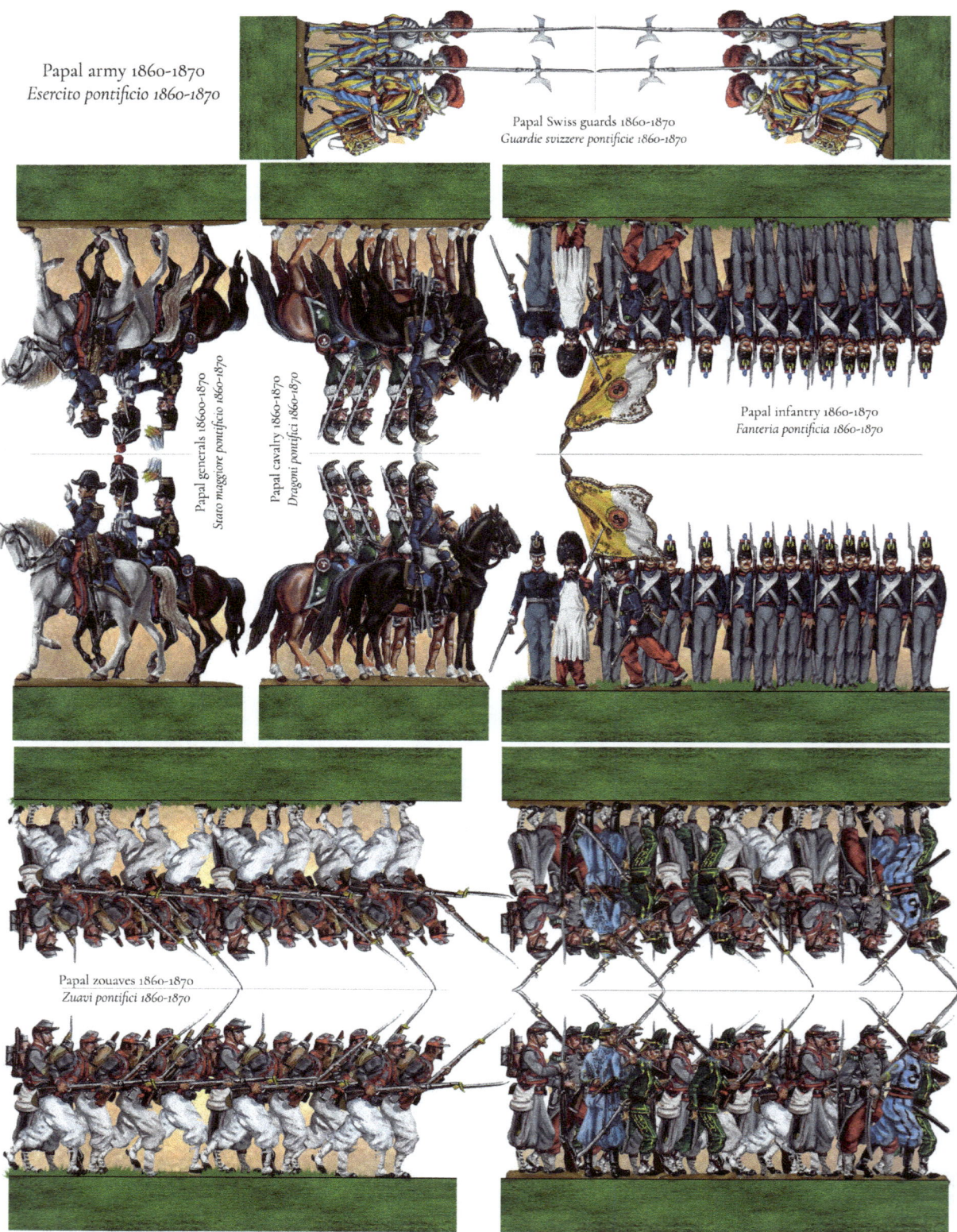

Papal army 1860-1870
Esercito pontificio 1860-1870

Papal Swiss guards 1860-1870
Guardie svizzere pontificie 1860-1870

Papal generals 1860-1870
Stato maggiore pontificio 1860-1870

Papal cavalry 1860-1870
Dragoni pontifici 1860-1870

Papal infantry 1860-1870
Fanteria pontificia 1860-1870

Papal zouaves 1860-1870
Zuavi pontifici 1860-1870

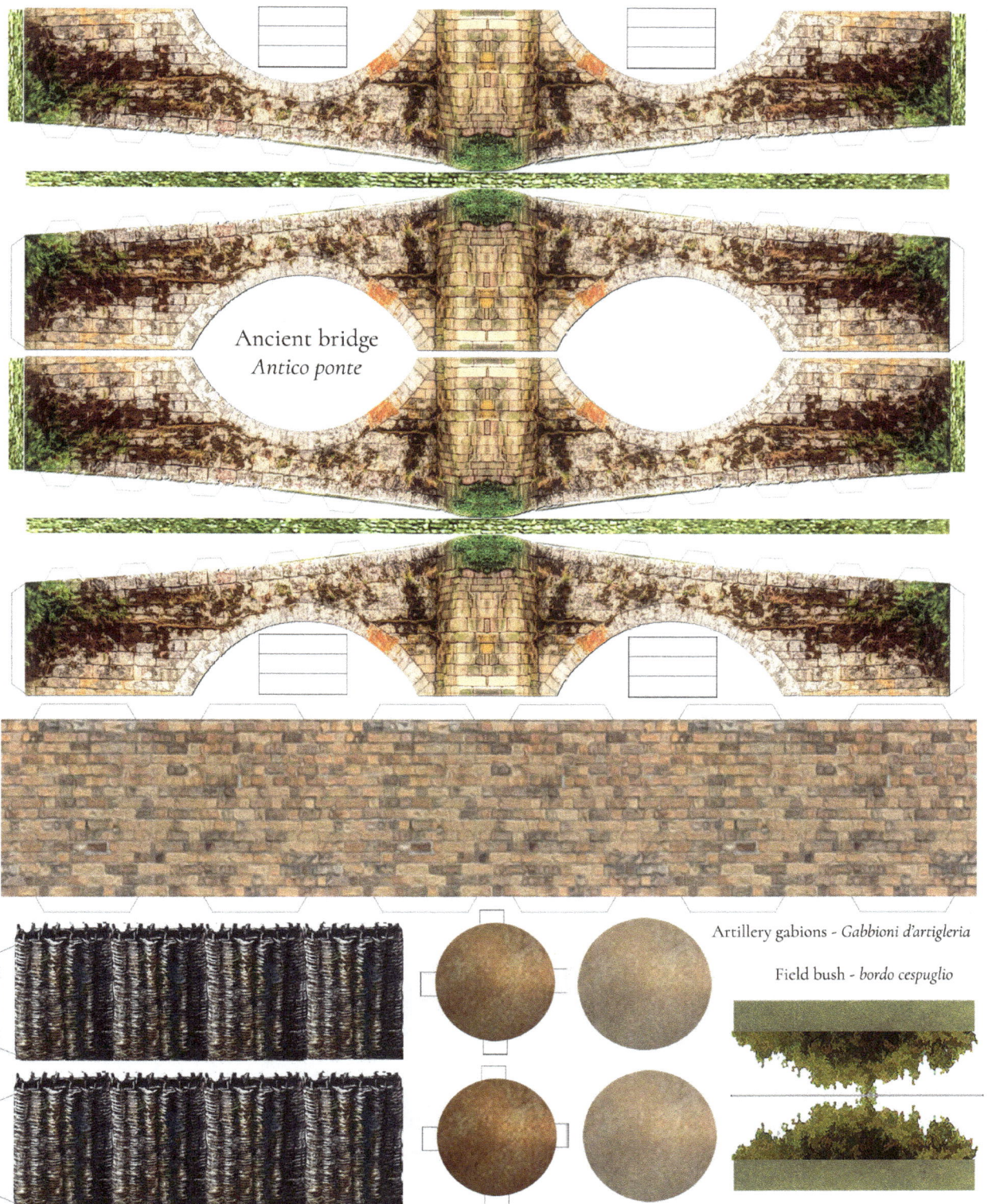

Ancient bridge
Antico ponte

Artillery gabions - *Gabbioni d'artigleria*

Field bush - *bordo cespuglio*

SCENERY FOR THE ITALIAN WAR 1848-1870
SCENARI PER LE GUERRE RISORGIMENTALI

SCENERY FOR THE BATTLE OF MAGENTA OF 4TH OF JUNE OF 1859

This battle was fought on 4th June 1859 during the Second Italian War of Independence, resulting in a French-Sardinian victory under Napoleon III against the Austrians under Marshal Ferencz Gyulai. It took place near the town of Magenta in the Kingdom of Lombardy–Venetia. Napoleon III's army crossed the Ticino River and outflanked the Austrian right forcing the Austrian army under Gyulai to retreat. The confined nature of the country, a vast spread of orchards cut up by streams and irrigation canals, precluded elaborate manoeuvre. The Austrians turned every house into a miniature fortress. The brunt of the fighting was borne by 5,000 grenadiers of the French Imperial Guard, still mostly in their First Empire style of uniforms. The battle of Magenta was not a particularly large battle, but it was a decisive victory for the Franco-Sardinian alliance. Patrice Maurice de MacMahon was created Duc de Magenta for his role in this battle. An overwhelming majority of the French-Piedmontese coalition soldiers were French (1,100 were Piedmontese and 58,000 were French).

The Austrian Imperial army:

On the morning of 4th June the Austrians had 117,000 men on the left bank of the Ticino River. NearMagenta they were positioned from North to South:

1. The 2nd Corps (except the Jelačić division) commanded by General Edoardo Francesco of Liechtenstein, from Boffalora to the 1st Corps;
2. The 1st Corps commanded by General Eduard Clam-Gallas just north of Magenta;
3. The cavalry division of General Alexander of Mensdorff of the 9th Corps of General Johann Franz Schaaffgotsche von Kynast north-east of Magenta on the road leading to Milan;
4. The division of General Sigismund von Reischach of the 7th Corps just north-west of Magenta;
5. The division of General Georg Jelačić von Bužim of the 2nd Corps west of Magenta between the town and the Naviglio Grande;
6. The 7th Corps (except the Reischach division) of General Friedrich Zobel between the old bridge of Magenta, Magenta and Corbetta;
7. The 3rd Corps of General Edmund von

SCENARIO PER LA BATTAGLIA DI MAGENTA DEL 4 GIUGNO 1859.

La **battaglia di Magenta** fu combattuta il 4 giugno 1859, fra l'Impero austriaco e la Francia. Alla battaglia parteciparono, anche se non direttamente, alcune unità del Regno di Sardegna, alleato della Francia. Fu la prima delle due grandi battaglie, assieme a quella di Solferino e San Martino, che porteranno i franco-piemontesi alla vittoria finale. Effetto della vittoria alleata fu infatti la liberazione di Milano, uno degli episodi principali del processo di unificazione italiana.

Le Truppe imperiali

La mattina del 4 giugno gli austriaci avevano 117.000 uomini sulla sponda sinistra del Ticino oltre al 9° Corpo che si trovava a guardia del Po tra Piacenza e Stradella. Nei pressi di Magenta erano disposti da nord a su

1. Il 2° Corpo (tranne la divisione Jelačić) comandato dal generale Edoardo Francesco del Liechtenstein, da Boffalora fino al 1° Corpo;
2. Il 1° Corpo comandato dal generale Eduard Clam-Gallas appena nord di Magenta;
3. La divisione di cavalleria del generale Alessandro di Mensdorff del 9° Corpo del generale Johann Franz Schaaffgotsche von Kynast a nord-est di Magenta sullo stradone che conduceva a Milano;
4. La divisione del generale Sigismund von Reischach del 7° Corpo appena a nord-ovest di Magenta;
5. La divisione del generale Georg Jelačić von Bužim del 2° Corpo a ovest di Magenta fra il paese e il Naviglio Grande;

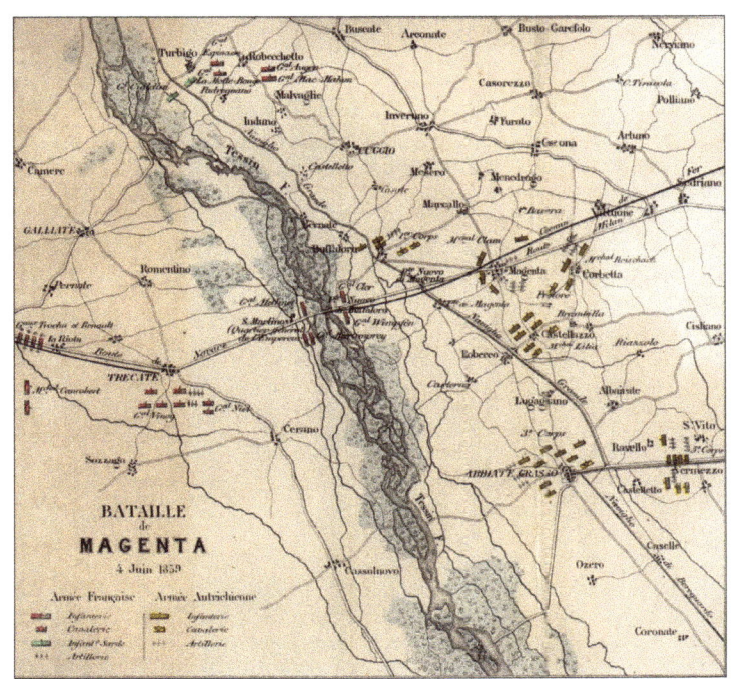

6. Il 7° Corpo (tranne la divisione Reischach) del generale Friedrich Zobel fra il ponte vecchio di Magenta, Magenta e Corbetta[7];

7. Il 3° Corpo del generale Edmund von Schwarzenberg presso Robecco fra il naviglio e il Ticino. Queste tre unità contavano in tutto circa 68.000 uomini, di cui 58.000 saranno impegnati in battaglia poiché il 5° Corpo di Philipp Franz von Stadion si trovava troppo distante da Magenta, gli austriaci avevano questi soldati nel raggio d'azione delle truppe alleate avanzanti. Gli austriaci vantavano una posizione difensiva molto solida.

Schwarzenberg near Robecco between the naviglio and Ticino.

The advance and the Franco-Piedmontese forces

Aware of the difficulties they would face in the Austrian deployment defending Milan, the French decided to attack Magenta in forces. In all, the aim was to concentrate about 54,000 men on the target, to which the 12,000 men of the 2nd Piedmontese Division of General Manfredo Fanti could have been added.

On the morning of June 4, the allies could count in the area on the following units:

1.   2nd French line corps commanded by General Mac-Mahon on the left bank of Ticino, between Turbigo and Robecchetto together with the 2nd Division of the Guard of Jacques Camou;

2.   Some Piedmontese units, corresponding to about two divisions, who will not have time to participate directly in the battle, marching from Galliate towards Turbigo;

3.   1st Grenadiers Division of the French Guard of General Émile Mellinet at the bridge of San Martino, on the right bank of Ticino, on the Novara-Magenta road;

4.   French 3rd and 4th Corps commanded respectively by generals François Certain de Canrobert and Adolphe Niel, located in Novara ready to march from Trecate towards Magenta;

5.   1st French Corps of General Achille Baraguey d'Hilliers camped in Olengo south of Novara.

Strength:

French Sardinian army: 49,945 infantry, 1,207 cavalry 87 guns
Austrian army 58,183 infantry, 3,435 cavalry 152 guns

Casualties and losses

French Sardinian: 707 killed, 3,223 wounded,655 missing

Total: 4,585

Austrian army: 1,368 killed, 4,358 wounded, 4,500 missing
Total: 10,226

SCENERY FOR THE BATTLE OF SOLFERINO 24TH OF JUNE OF 1859

The **Battle of Solferino** (referred to in Italy as the **Battle of Solferino and San Martino**) on 24 June 1859 resulted in the victory of the allied French Army under Napoleon III and Sardinian Army under Vittorio Emanuele II (together known as the Franco-Sardinian Alliance) against the Austrian Army under Emperor Franz Joseph I. It was the last major battle in world history where all the armies were under the personal command of their monarchs. Perhaps 300,000 soldiers fought in the important battle, the largest since the Battle of Leipzig in 1813. There were about 130,000 Austrian troops and a combined total of 140,000 French and allied Piedmontese troops. After the battle, the Austrian Emperor refrained from further direct command of the army. The Battle of Solferino was a decisive engagement in the Second Italian War of Independence, a crucial step in the Italian Risorgimento. The war's geopolitical context was the nationalist struggle to unify Italy, which had long been divided among France, Austria, Spain and numerous independent Italian states. The battle took place near the villages of Solferino and San Martino, Italy, south of Lake Garda between Milan and Verona.

The confrontation was between the Austrians, on one side, and the French and Piedmontese forces, who opposed their advance.

L'avanzata e le forze franco-piemontesi

Consci delle difficoltà che avrebbero trovato di fronte allo schieramento austriaco che difendeva Milano, i francesi decisero di attaccare in forze Magenta. In tutto si trattava di concentrare sull'obiettivo circa 54.000 uomini, ai quali si sarebbero potuti aggiungere i 12.000 uomini della 2ª Divisione piemontese del generale Manfredo Fanti. Alla mattina del 4 giugno gli alleati potevano contare in zona sulle seguenti unità:

1.   2º Corpo di linea francese comandato dal generale Mac-Mahon sulla sponda sinistra del Ticino, fra Turbigo e Robecchetto assieme alla 2ª Divisione Volteggiatori della Guardia di Jacques Camou;

2.   Alcune unità piemontesi, corrispondenti a circa due divisioni, che non faranno in tempo a partecipare direttamente alla battaglia, in marcia dopo Galliate verso Turbigo;

3.   1ª Divisione Granatieri della Guardia francese del generale Émile Mellinet al ponte di San Martino, sulla sponda destra del Ticino, sullo stradone Novara-Magenta;

4.   3º e 4º Corpo di linea francesi comandati rispettivamente dai generali François Certain de Canrobert e Adolphe Niel, dislocati a Novara pronti a marciare per Trecate verso Magenta;

5.   1º Corpo francese di linea del generale Achille Baraguey d'Hilliers accampato ad Olengo a sud di Novara.

Effettivi:

Franco piemontesi: 49,945 fanti, 1,207 cavalieri 87 cannoni
Austriaci: 58,183 fanti, 3,435 cavalieri 152 cannoni

Morti e feriti

Franco piemontesi: 707 morti, 3,223 feriti, 655 dispersi
Totale: 4,585
Austriaci: 1,368 morti, 4,358 feriti, 4,500 dispersi
Totale: 10,226

SCENARIO PER LA BATTAGLIA DI S.MARTINO E SOLFERINO DEL 24 GIUGNO 1859

La **battaglia di Solferino e San Martino** venne combattuta il 24 giugno 1859 in Lombardia nel contesto della seconda guerra d'indipendenza italiana dall'esercito austriaco da un lato e da quello francese e piemontese dall'altro. Vide la sconfitta dell'Austria che con essa perse la guerra e la Lombardia. I tre eserciti erano comandati dai rispettivi sovrani: Napoleone III per la Francia, Vittorio Emanuele II per il Regno di Sardegna e Francesco Giuseppe per l'Austria. I due eserciti alleati combatterono insieme e i piemontesi formarono l'ala sinistra dello schieramento. Fu una delle più grandi battaglie dell'ottocento, avendovi preso parte, complessivamente, 235.000 uomini circa. Il fronte dello scontro si estese dal lago di Garda fino a Castel Goffredo per circa 20 km. La vittoria alleata fu determinata principalmente dall'impiego oculato del corpo d'élite della Guardia, da un uso migliore della cavalleria e dall'impiego dei nuovi cannoni a canna rigata francesi, più precisi e potenti di quelli austriaci.

L'esercito francese

L'armata francese era uno straordinario strumento di guerra, composto principalmente da veterani, temprati in decine di battaglie e dotati di armamenti moderni ed efficienti, come il fucile Minié mod. '59 ed il cannone La Hitte, entrambi a canna rigata.

The French army

The French army was an extraordinary war instrument, composed mainly of veterans, hardened in dozens of battles and equipped with modern and efficient armaments, such as the Minié rifle mod. '59 and the La Hitte cannon, both with rifled barrel. The **78,935** men, **9,162** horses and **240** cannons that made up the French forces employed in the great battle, led by Napoleon III and by a military staff made up of 41 senior officers, belonged to the first four of the five proper corps sent to Italy, in addition to the Imperial Guard, and divided as follows:

Imperial Guard of Marshal Regnaud de Saint-Jean d'Angély
14,022 infantrymen, 3,259 cavalrymen, 36 cannons
  1st Division of General Mellinet
  2nd Division of General Camou
  Cavalry Division of General Morris
The Army Corps of Marshal Baraguey d'Hilliers
20,527 infantrymen, 2,457 cavalrymen, 66 cannons
  1st Division of General Forey
  2nd Division of General Ladmirault

I **78.935** uomini, **9.162** cavalli e **240** cannoni che componevano le forze francesi impiegate nella grande battaglia, guidate da Napoleone III e da una casa militare formata da 41 ufficiali superiori, appartenevano ai primi quattro dei cinque corpi d'armata propriamente detti inviati in Italia, oltre alla Guardia imperiale, e così suddivisi:

Guardia Imperiale del Maresciallo Regnaud de Saint-Jean d'Angély
14.022 fanti, 3.259 cavalieri, 36 cannoni
  1ª Divisione del generale Mellinet
  2ª Divisione del generale Camou
  Divisione di Cavalleria del generale Morris

I Corpo d'Armata del Maresciallo Baraguey d'Hilliers
20.527 fanti, 2.457 cavalieri, 66 cannoni
  1ª Divisione del generale Forey
  2ª Divisione del generale Ladmirault
  3ª Divisione del generale Bazaine
  Divisione di Cavalleria del generale Desvaux

3rd Division of General Bazaine
Cavalry Division of General Desvaux
The Army Corps of Marshal Mac-Mahon
16,156 infantrymen, 1,347 cavalry, 48 cannons
1st Division of General La Motterouge
2nd Division of General Decaen
Cavalry Brigade of General Gaudin
III Army Corps of Marshal Canrobert
11,204 infantrymen, 1,113 cavalry, 24 cannons
1st Division of General Renault
2nd Division of General Trochu
3rd Division of General Bourbaki
Cavalry Division of General Partouneaux
IV Army Corps of General Niel
21,026 infantrymen, 968 cavalry, 66 cannons
1st Division of General De Luzy
2nd Division of General Vinoy
3rd Division of General de Failly
Cavalry Brigade of General De Rochefort (8 squadrons)

The Sardinian army

After the defeat of 1849, the Sardinian army underwent a ten-year restructuring, entrusted to General Alfonso La Marmora, appointed war minister in the Perrone government. The work of La Marmora had brought good results with the modernization of armaments, the technical education of the officers and the reorganization of the departments, based on the French model. The Savoy army was also plagued by defects that caused disappointing results in the confrontations. The first flaw was caused by the consistent presence of highly motivated volunteers who joined the occasion, but inexperienced in the soldier profession, as well as poorly armed and equipped. The second and most important flaw consisted of the poor collaboration demonstrated by the 39 senior officers who made up the crowded Savoy military staff, whose tactical and strategic competence was often clouded by excessive individualism.

The 35,602 men, 1,473 horses and 80 cannons of the Sardinian forces employed in the battle, were included in four divisions:

1st Division Lieutenant General Giovanni Durando
9,034 infantrymen, 410 horsemen, 20 cannons
Grenadiers of Sardinia Brigade of General Scotland of Calliano (nine battalions)
Savoy Brigade of General Perrier (nine battalions)
Alexandria Cavalry Regiment of Lieutenant Colonel Reccagni (four squadrons)
5th Artillery Brigade of Major Cugia

2nd Division of Lieutenant General Fanti
9,629 infantrymen, 351 horsemen, 20 cannons
Piedmont Brigade of General Camerana (nine battalions)
General Cerale's Aosta Brigade (nine battalions)
Aosta Cavalry Regiment of Colonel Angelini (four squadrons)
6th Artillery Brigade of Major Salino

3rd Division of Lieutenant General Mollard
8,999 infantrymen, 389 cavalry, 20 cannons
Cuneo Brigade of General Araldi (nine battalions)

II Corpo d'Armata del Maresciallo Mac-Mahon
16.156 fanti, 1.347 cavalieri, 48 cannoni
1ª Divisione del generale La Motterouge
2ª Divisione del generale Decaen
Brigata di cavalleria del generale Gaudin
III Corpo d'Armata del Maresciallo Canrobert
11.204 fanti, 1.113 cavalieri, 24 cannoni
1ª Divisione del generale Renault
2ª Divisione del generale Trochu
3ª Divisione del generale Bourbaki
Divisione di Cavalleria del generale Partouneaux
IV Corpo d'Armata del generale Niel
21.026 fanti, 968 cavalieri, 66 cannoni
1ª Divisione del generale De Luzy
2ª Divisione del generale Vinoy
3ª Divisione del generale de Failly
Brigata di Cavalleria del generale De Rochefort (8 squadroni)

L'esercito sardo

Dopo la disfatta del 1849, l'esercito sardo venne sottoposto ad una decennale ristrutturazione, affidata al generale Alfonso La Marmora, nominato ministro della guerra nel governo Perrone. L'opera di La Marmora aveva portato buoni frutti con l'ammodernamento degli armamenti, l'istruzione tecnica degli ufficiali e la riorganizzazione dei reparti, sul modello francese. L'esercito sabaudo era anche afflitto da difetti che causarono i deludenti risultati nell'ambito degli scontri. Il primo difetto era determinato dalla consistente presenza di volontari arruolatisi per l'occasione, fortemente motivati, ma anche digiuni del mestiere di soldato, oltre che male armati ed equipaggiati. Il secondo e più importante difetto consisteva nello scarsa collaborazione dimostrata dai 39 alti ufficiali che componevano l'affollata casa militare sabauda, la cui competenza tattica e strategica era spesso offuscata da eccessivo individualismo.

I 35.602 uomini, 1.473 cavalli e 80 cannoni delle forze sarde impiegate nella battaglia, erano compresi in quattro divisioni:

1ª Divisione Luogotenente generale Giovanni Durando
9.034 fanti, 410 cavalieri, 20 cannoni
Brigata Granatieri di Sardegna del generale Scozia di Calliano (nove battaglioni)
Brigata Savoia del generale Perrier (nove battaglioni)
Reggimento Cavalleggeri di Alessandria del tenente colonnello Reccagni (quattro squadroni)
5ª Brigata d'artiglieria del maggiore Cugia

2ª Divisione del Luogotenente generale Fanti
9.629 fanti, 351 cavalieri, 20 cannoni
Brigata Piemonte del generale Camerana (nove battaglioni)
Brigata Aosta del generale Cerale (nove battaglioni)
Reggimento Cavalleggeri Aosta del colonnello Angelini (quattro squadroni)
6ª Brigata d'artiglieria del maggiore Salino

3ª Divisione del Luogotenente generale Mollard
8.999 fanti, 389 cavalieri, 20 cannoni
Brigata Cuneo del generale Araldi (nove battaglioni)
Brigata Pinerolo del generale Morozzo della Rocca (nove bat-

Pinerolo Brigade of General Morozzo della Rocca (nine battalions)
Monferrato Cavalry Regiment of Lieutenant Colonel Morelli (four squadrons)

5th Division of Lieutenant General Cucchiari
9,512 infantrymen, 412 horsemen, 20 cannons
Casale Brigade of General Genova of Pettinengo (nine battalions)
Acqui Brigade of General Gozzani of Treville (nine battalions)
Saluzzo Cavalry Regiment of Colonel Griffini (four squadrons)

Cavalry Division of Major General Bertone of Sambuy
2,079 knights, 12 cannons
Nice Cavalry Regiment
Royal Piedmont Cavalry Regiment
Savoy Cavalry Regiment
Cavalry Regiment of Genoa

The Austrian army

Under the leadership of Emperor Franz Joseph, the army was divided into two armies, connected and supplied by the fortresses of the Quadrilateral.

The 1st Army, referred to the fortress of Mantua and was deployed on the plain, while the 2nd Army, headed by the fortress of Peschiera, occupied the morainic hills immediately to the north. Equipped with modern and efficient armaments, as well as framed according to an iron discipline, the Austrian army nevertheless had its Achilles heel in the antiquated structure that characterized it.

Following the medieval tradition, in fact, despite being the entire army under the command of the emperor, many of its departments were small personal armies owned by their respective commanders.

This peculiarity led to a General Staff consisting largely of noblemen of high lineage, but often of poor tactical competence, now united, now divided among themselves for political, economic or personal reasons.

The **119,783** men, **6,070** horses, **417** cannons and **160** rocket launchers of the Austrian forces employed in the battle, belonged to seven army corps, divided as follows:

1st Army of Field Marshal Wimpffen

II Army Corps of Field Marshal Lieutenant Liechtenstein
1st Field Marshal Jellaçic Division
2nd General Division Herdy
Army Corps Cavalry 4 squadrons of the 12th Hussars Regiment
Army Corps Artillery 4 Batteries (32 pieces)

III Army Corps of Field Marshal Lieutenant Schwarzenberg
1st General Division Schönberg
2nd General Division Lieutenant Habermann
King of Prussia Hussars Regiment (10 squadrons)
Artillery Reserve 4 artillery batteries (32 cannons)

IX Army Corps of the cavalry general Schaffgotsche
1st General Division Lieutenant Handel
2nd General Division Lieutenant Folliot de Crenneville

taglioni)
Reggimento Cavalleggeri di Monferrato del tenente colonnello Morelli (quattro squadroni)

5ª Divisione del Luogotenente generale Cucchiari
9.512 fanti, 412 cavalieri, 20 cannoni
Brigata Casale del generale Genova di Pettinengo (nove battaglioni)
Brigata Acqui del generale Gozzani di Treville (nove battaglioni)
Reggimento Cavalleggeri di Saluzzo del colonnello Griffini (quattro squadroni)

Divisione di Cavalleria del Maggior generale Bertone di Sambuy
2.079 cavalieri, 12 cannoni
Reggimento Cavalleggeri di Nizza
Reggimento Cavalleggeri di Piemonte Reale
Reggimento Cavalleggeri di Savoia
Reggimento Cavalleggeri di Genova

L'esercito austriaco

Sotto la guida dell'imperatore Francesco Giuseppe, l'esercito era suddiviso in due armate, collegate e rifornite dalle fortezze del Quadrilatero. La I Armata, faceva riferimento alla fortezza di Mantova ed era schierata in pianura, mentre la II Armata, facente capo alla fortezza di Peschiera, occupava le colline moreniche immediatamente a nord. Dotato di armamenti moderni ed efficienti, oltre che inquadrato secondo una ferrea disciplina, l'esercito austriaco aveva tuttavia il proprio tallone d'Achille nell'antiquata struttura che lo caratterizzava. Seguendo la tradizione medievale, infatti, pur essendo l'intero esercito al comando dell'imperatore, molti dei suoi reparti erano piccole armate personali di proprietà dei rispettivi comandanti. Tale peculiarità portava ad avere uno Stato Maggiore composto in buona parte da nobili d'alto lignaggio, ma spesso di scarsa competenza tattica, ora uniti, ora divisi tra loro per ragioni politiche, economiche o personali.

I **119.783** uomini, **6.070** cavalli, **417** cannoni e **160** lanciarazzi delle forze austriache impiegate nella battaglia, appartenevano a sette corpi d'armata, così suddivisi:

1ª Armata del Feldmaresciallo Wimpffen

II Corpo d'Armata del Feldmaresciallo luogotenente Liechtenstein
1ª Divisione Feldmaresciallo Jellaçic
2ª Divisione Generale Herdy
Cavalleria di Corpo d'Armata 4 squadroni del 12º Reggimento Ussari
Artiglieria di Corpo d'Armata 4 Batterie (32 pezzi)

III Corpo d'Armata del Feldmaresciallo luogotenente Schwarzenberg
1ª Divisione Generale Schönberg
2ª Divisione Generale luogotenente Habermann
Reggimento Ussari "Re di Prussia" (10 squadroni)
Riserva di Artiglieria 4 batterie artiglieria (32 cannoni)

IX Corpo d'Armata del generale di cavalleria Schaffgotsche
1ª Divisione Generale luogotenente Handel
2ª Divisione Generale luogotenente Folliot de Crenneville

XI **Army Corps** of Field Marshal Lieutenant Veigl
  1st Division Field Marshal Lieutenant Schwarzel
  2nd Division Field Marshal Lieutenant Blomberg
  Cavalry of the Reserve of the Army Corps of the 2nd Ulani
  Regiment "King Francesco Giuseppe" (4 squadrons)
  Army Corps Reserve Artillery (8 cannons)

Cavalry Corps of the 1st Army Reserve
  Division of General Cavalry Lieutenant Zedtwitz
  Vopaterny Brigade
  Lauingen Brigade

Artillery Corps of the 1st Army Reserve 11 batteries
(88 cannons)

2nd Army of General Schlick

The 1st Army Corps of Field Marshal Clam-Gallas
  1st General Division Lieutenant Montenuovo
  2nd General Division Lieutenant Sztankovics
  Army Corps Cavalry of the 12th Ulani Regiment "King of the
  Two Sicilies" (4 squadrons)

V Army Corps of Field Marshal Lieutenant Stadion
  1st General Division Lieutenant Palffy
  2nd General Division Lieutenant Sternberg
  Cavalry of the Army Corps reserve of the 12th Ulani Regiment "King of the Two Sicilies" (4 squadrons)
  Army Corps Reserve Artillery 20 cannons

VII Army Corps of Field Marshal Lieutenant Zobel
  1st Lieutenant General Division of Hesse
  2nd General Division Lieutenant Lilia
  2nd Wallon Brigade
  Cavalry of the Corps 4 squadrons of the 1st Hussars Regiment
  Body Artillery 16 cannons

VIII Army Corps of Field Marshal Lieutenant Benedeck
  1st General Division Lieutenant Berger
  2nd General Division Lieutenant Lang
  Brigade General Lieutenant Reichlin (seconded by VI Army Corps)

Cavalry of the Reserve of the 2nd Army
  Cavalry Division Field Marshal Lieutenant Mensdorff

Artillery from the 2nd Army Reserve
  112 cannons

XI **Corpo d'Armata** del Feldmaresciallo luogotenente Veigl
  1ª Divisione Feldmaresciallo luogotenente Schwarzel
  2ª Divisione Feldmaresciallo luogotenente Blomberg
  Cavalleria della riserva del Corpo d'Armata del 2º Reggimento Ulani "Re Francesco Giuseppe" (4 squadroni)
  Artiglieria della Riserva del Corpo d'Armata (8 pezzi)

Corpo di Cavalleria della Riserva della 1ª Armata
  Divisione di Cavalleria Generale luogotenente Zedtwitz
  Brigata Vopaterny
  Brigata Lauingen

Corpo d'Artiglieria della Riserva della 1ª Armata 11 batterie
(88 pezzi)

2ª Armata del generale Schlick

I Corpo d'Armata del Feldmaresciallo Clam-Gallas
  1ª Divisione Generale luogotenente Montenuovo
  2ª Divisione Generale luogotenente Sztankovics
  Cavalleria di Corpo d'Armata del 12º Reggimento Ulani "Re delle Due Sicilie" (4 squadroni)

V Corpo d'Armata del Feldmaresciallo luogotenente Stadion
  1ª Divisione Generale luogotenente Palffy
  2ª Divisione Generale luogotenente Sternberg
  Cavalleria della riserva del Corpo d'Armata del 12º Reggimento Ulani "Re delle Due Sicilie" (4 squadroni)
  Artiglieria della Riserva del Corpo d'Armata 20 pezzi

VII Corpo d'Armata del Feldmaresciallo luogotenente Zobel
  1ª Divisione Generale luogotenente d'Assia
  2ª Divisione Generale luogotenente Lilia
  2ª Brigata Wallon
  Cavalleria del Corpo 4 squadroni del 1º Reggimento Ussari
  Artiglieria del Corpo 16 pezzi

VIII Corpo d'Armata del Feldmaresciallo luogotenente Benedeck
  1ª Divisione Generale luogotenente Berger
  2ª Divisione Generale luogotenente Lang
  Brigata Generale luogotenente Reichlin (distaccata da VI CdA)

Cavalleria della Riserva della 2ª Armata
  Divisione di Cavalleria Feldmaresciallo luogotenente Mensdorff

Artiglieria della Riserva della 2ª Armata
  112 pezzi

PAPER BATTLE&DIORAMAS PUBLISHED AND IN WORKING
(SOME TITLES)

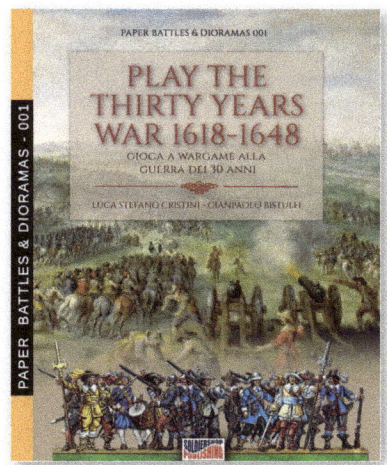

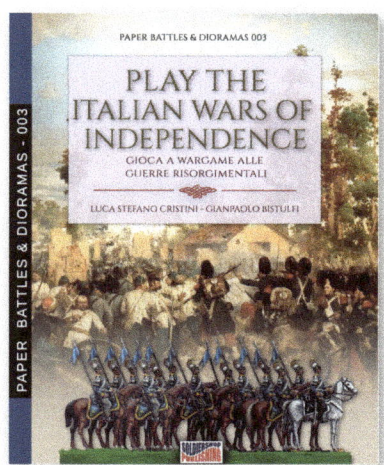

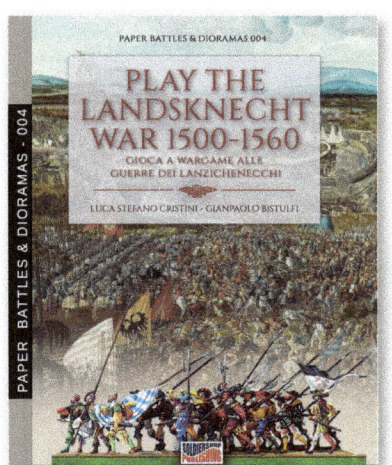

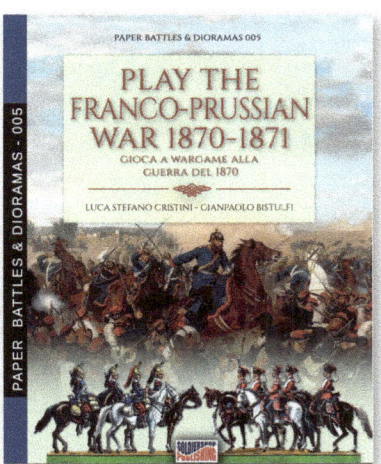

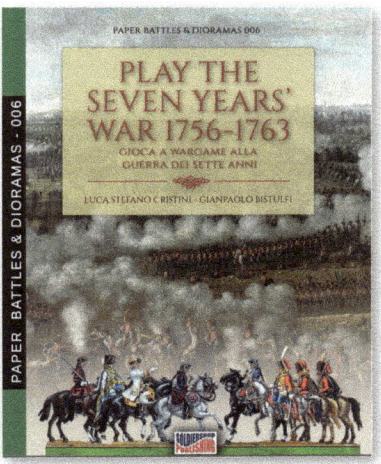

www.ingramcontent.com/pod-product-compliance
Lightning Source LLC
Chambersburg PA
CBHW041155120626
46547CB00020B/3222